ちくま新書

市町村合併

佐々木信夫
Sasaki Nobuo

354

市町村合併【目次】

はしがき 007

序章 問われる国家の将来像 017

第1章 なぜ市町村合併なのか 027

1 市町村合併の歴史 027
2 市町村合併の背景 031
3 地方分権の時代へ 039

第2章 市町村合併の論点 045

1 広域行政とどう違うか 045
2 合併に最適規模はあるか 049
3 合併に住民投票は必要か 056
4 合併のパターンと選択 065
5 望ましい合併とは何か 072

第3章 市町村合併の制度設計 077
1 市町村合併の設計 077
2 市町村合併の過程 081
3 合併を決める協議会 087
4 合併の方式と特例措置 095
5 合併中心市の役割 108

第4章 合併に伴う期待と不安 113
1 合併の効果をみる視点 115
2 市町村合併の効果 120
3 市町村合併に伴う不安 128

第5章 自治体は変われるか 143
1 意欲と能力で決まる 143
2 自治体間競争の始まり 155

3 人材育成の新しい視点 164

第6章 地方制度の将来 175

1 市町村制の将来 176
2 東京特別区の将来 190
3 府県制の将来 197

終章 次の時代を創る 209

参考文献 220

はしがき

私たちの生活に最も深く関わる市町村の多くがいま合併論議に揺れている。ある自治体はすでに合併し、ある自治体は合併を決める協議会を設置し、多くは合併研究会を設けている。その数は全市町村の三分の二に及ぶ。しかしその一方で、合併を疑問視する声もあり、合併しないことを宣言する自治体もでてきた。混迷を続ける政治状況下にあって、国家の将来像も示されないまま〝自主合併〟という言葉だけが独り歩きしていないだろうか。

もとより、もう一つの五五年体制ともいえる昭和三〇年前後につくられた三千余の現行の市町村体制がこれからの時代に合うとは思えない。分権時代のまちづくりを考えても、深刻化する財政危機の克服を考えても、市町村の根本的な改革が必要なことは確かである。

ただ、国家の深刻な財政危機にもかかわらず、市町村合併の推進策が「合併すると財政面で優遇する」の一点張りであるため、これは財政誘導策による〝合併特需〟ではないかとの批判も出ている。個々の自治体にとって一時的に財政が膨張する地域レベルでの合併特需があったとしても、国家全体としてみると財政はパンクし、かけ込み起債ラッシュにより財政規律が大きく失われてしまう。残るのは国民への重い負担だというのでは何のための合併なのか、わからなくなってしまう。

個々のケースとなると、国や県、首長、議員ら政治・行政の関係者だけで進める合併推進を「官製合併」とし、自主合併をいうならもっと広範な住民参加で「民製合併」をめざすべきだとする声も強い。住民投票を求める動きもその一つだ。政府は二〇〇五年（平成一七年）三月までに現在の三分の一に当たる一〇〇〇市町村への再編を目標に大号令をかけるが、市町村という最も身近な「政府」をどうすべきかは民主主義の根幹にふれる話だ。自らの自治権をどう行使するのか、政治的無関心を装うことは許されない。地方自治の単位を自らどう使うのか、少なくともここ数年内に一人ひとりの国民が判断を求められる。

筆者は少し前、NHKテレビで〝なるほど合併〟という番組を一年間担当したことがある。一〇〇万市をめざす浦和・大宮・与野三市の合併過程を素材に、毎月ひとつのテーマを取り上げ解説するという短いニュース番組であったが、これが意外に大変だった。

というのも、視聴者は、①交通渋滞は解消するか、②福祉は充実するか、③ごみ問題は解決するか、④魅力ある街はできるか、⑤市役所は便利になるか、⑥税金は安くなるか、⑦新市の名称はどうなるか、⑧行政改革は進むのか、という合併効果への速効性を聞きたいからだ。しかし、それに一つひとつ的確な答えを用意することはそう簡単ではない。都市圏に限らず、過疎の村同士が合併したら過疎問題は解決するかと農村地域で問われたら、あなたはどう答えるだろう。率直にいって中長期的な効果はともかく、短期的な意味での速効性を見出すことはむずかしい。確実にいえるのは政府の財政支援による「合併特需」が地域経済を潤すということだけかも知れない。

しかし、それは長くても一〇年程度の話である。それだけを目当てに合併するのはいかにも能がない。確かにわが国は合併を繰り返しながら行政サービスを充実させてきた歴史をもつ。とはいえ、いったん合併したら半世紀以上その単位で地方自治が営まれていく。だから市町村合併にはしっかりした目標と設計が必要なのだ。それがいま各地で出来ているかどうか。

各地では推進に向けたシンポジウムや講演会、説明会といった啓蒙活動が盛んだ。しかし表面上はともかく、住民らの真に合併をめざそうというエネルギーが表面化してこないのが気になる。それは単に政治的無関心ゆえなのか。それとも合併に効果がないと見ているゆえなのか。末端市町村が国の財政破綻のしりぬぐいを負わされるといった被害者意識からなのか。最後の点はあらぬ誤解とは思うが、しかし十分な説明は行われていない。

時代の流れからいま市町村は再編期に差しかかっている。筆者はそう認識している。しかし自主合併を原則とする以上、地域住民の自主判断が可能となるよう十分な情報提供とアイディアの豊富さが求められる。モノゴトを変えるには内発的なエネルギーが必要だ。確かに改革を進めるには締切りもあった方がよい――これ自体は否定しない。しかし、時限法である市町村合併特例法の期限切れ（平成一七年三月末）を締切りに合併を迫るという、政府の退路なき合併推進策が一般国民にどの程度理解されているか。

住民になぜ二〇〇五年までに合併が必要か？　と問われた時、「いやその期限内でまとめなければ国の支援策を受けられないので」という答えしかないようでは発想が貧困すぎる。合併はその程度の話ではない。補助金行政や公共事業誘致のような話ではない。首長、議員など合併推進者らにいま将来構想と理論武装はあるのか。

区域を変更するという市町村合併は、住民にとって自らの自治権の核心を揺るがす問題である。その判断はもっと深いものでなければならない。合併推進をねらう政府内には「霞が関、永田町界隈で、現在内政上の最重要課題は何かと問われれば、「市町村合併である」と、大多数の方が答えるであろう」という説明があるが、国民も皆そう思っているだろうか。まして市町村合併にメリットはあるがデメリットはないと言いきる姿勢には感心しない。筆者の現場調査によると、霞が関で考えるほどコトは単純ではない。

合併にはメリットもあればデメリットもある。しかしそれは相対的なものでしかない。絶対的なメリットも絶対的なデメリットもないというのが筆者の認識である。なぜなら、合併のメリットは行政改革にあるというけれども、実際は全く行政改革など行われない膨張型合併の自治体もある。職員給与も議員報酬もみな高きに合わせて平気な顔をしている。これでメリットなのか。デメリットではないか。メリットだとするならそれは身内の話である。逆に議員数が減り政治的代表度が下がるからデメリットだとされるが、合併で議員数が半減した結果、良質の議員が選ばれるようになったという結果もある。これはデメリットなのか。政治に競争が生まれることはメリットである。デメリットだというのは議席を失う議員の主張ではないか。

要は合併効果を生み出そうという強い「改革意思」があるかどうかが問題なのだ。それには少し熟成期間が要る。期限だけ切っても見掛け倒しに終わるかも知れない。

もとより、だからといってズルズルと制度疲労した旧市町村体制を温存し、非効率な細切れの既存システムを守ることに汲々とする態度に与《くみ》する気はない。市町村合併は待ったなしの時代的テーマである。

地方分権が始まった今、責任ある市町村体制をつくるには一定の規模がいる。それは行財政面からみても、マンパワーの面からみても、広域的なまちづくりの面からみてもだ。

しかし問題はそれぞれの地域の熟度である。合併の機が熟さないところに、たとえ国がアメの優遇策とムチの交付税カットで合併の実現を強制してみても、その後の効果はどうか。〝急がば回れ〟の喩《たと》えをよく考えてみたい。国家百年の大計という視点が必要である。

筆者は一九九八年から九九年にかけて、宮城県の「みやぎ新しいまち・未来づくり構想」委員会の委員長として県内七一市町村の合併指針づくりに携わったことがある。歴史や経済、生活、文化など地域の共有する一体性を客観的に見ると同時に、合併するならどの市町村を相手としたいかをアンケート調査し互いの「相思相愛度」を確認する作業をした。そのうえで、約四分の一の数に再編・統合することが望ましいという結果をまとめた。議論のタタキ台とするねらいからあまり違和感のない合併パターンを示したつもりだが、それから三年経って一つの地域で四町合併が決まったと聞いた。この例からも分かるように地域によってはそれだけ時間がかかるのである。

もう一つ忘れてならないのは、市町村合併はあくまでも手段であって目的ではないということだ。ややもすると渦中の当事者たちは合併成就が目的化してしまう。すでにいくつかの地域で合併が成就したが、なかには手段が目的化し、肝心のめざすべき地域像すら住民間になく、住民に一体感が全くない合併地域が生まれている。急ぎすぎの結果がこうだ。屋根だけ共通化しても家族の融和がないところに幸せはない。特に推進派として意思決定にあたる政治家たちの一番自戒すべき点はここだ。結果オーライではないのである。

市町村の再編は必要だ。しかし、その決定の主役は地域住民でなければならない。市町村合併に合意形成は不可欠であり、自主合併の大原則はそこにある。

地域住民は、市町村合併の論議を通じ地域の将来像を見据えることが大切である。市町村合併は将来栄える地域をつくるためである。従来よりコストが安く質の高い行政サービスを生み出すためでもある。それには住民の合意形成が不十分であってはならない。欲をいえば柿が熟れて落ちるような形の市町村合併が一番望ましい。そこまでは無理でも、せめて地域住民の七、八割の合意が必要だ。これが合併成就の最低要件ではなかろうか。

市町村合併の推進者にとって注ぐべき最大のエネルギーは、住民との合意形成に他ならない。首長も議員も職員も運動団体もそうだ。そして合併後の地域像に多くの人々の意見が含まれなければならない。新市建設計画をシンクタンクに委託してつくった自治体があるが、これは言語道断だ。まちづくりは住民の間に共通の「目標」と共通の「感動」が共有されてこそ、初めて成功するのである。それには住民参加が不可欠の要件なのだ。

誤解を恐れずに言うなら、地域での政策論争なき合併は何も生まない。地域の将来ビジョンについて賛否を含め真剣な議論が戦わされてこそ、住民に共通の目標が生まれてくる。その結果として、合併について一定の結論が生まれるなら、それこそが望ましい。それが自主合併の姿だ。多少の時間がかかろうとそのプロセスを省略してはならない。

最近は、群馬県に世田谷区を創ろうといった奇想天外な発想まで飛び出している。すぐ

「飛び地合併は認めない」といった政府見解が出そうだが、少し待て！　現場の意見をよく聴いた方がよい、と筆者は言いたい。双方の強みを持ち寄ってこそ合併の意味がある。

確かに県境を接しない飛び地の合併はいろいろな面でむずかしい。しかし、わが国のような過密と過疎が同時併存する中で、例えば子どもの健全な発育を願うなら、都市のもつ魅力と山村のもつ良さを味わえる都会と田舎の合併も案外よい解答かもしれない。この話は人口四〇〇〇人の群馬県川場村と人口八〇万人の東京都世田谷区との合併話だが、実現性はともかく、既成概念に囚われない明るい合併論議のできる環境を整えたい。

本書はそのタイトルを「市町村合併」とした。

執筆にあたっては二つの意味を込めて書いた。一つは、市町村合併に関わる諸論点を深く読み込むこと。市町村合併の意義や歴史、そのメリット、デメリット、さらにパターンなどをなるべく客観的に解説し、そこから市町村合併の本質を読みとってもらおうということである。

もう一つは、これから展開される地方自治の将来像、地域の将来を読んでみようということ。市町村合併は手段であって目的ではない。では、その目的にどんな将来像を置くのか。これはそれぞれの地域によって想いが異なるが、確実に言えることは、シナリオのないドラマは面白くないということである。それぞれ面白いドラマを描く努力を惜しんではならない。

本書は、市町村合併や地方自治について広く話題を提供し考察しようとして書かれた。ここ数年、市町村合併に関する類書は多い。それに屋上屋を架すことは避けるべきだが、筆者からすると、それら類書は合併の推進だけをねらいとする啓蒙書と、合併反対をねらいとする運動書に大別される。肝心の一般市民はカヤの外。市町村合併を初歩から学習し自分なりの判断、知見を持とうにもその手がかりが少なすぎる。それではならない。

合併問題は、結論的には「賛成」か「反対」かしかないが、しかしそこに至る過程がより大事である。合併はピンチだから行うという考えもあろうが、逆にこれを機に地域活性化へ逆転攻勢をかける絶好のチャンスだとみることもできる。あなたはどう考える？　その判断はあなた自身にある。本書がそれらの判断形成の一助となるなら幸せである。

本書は、企画から編集まですべて筑摩書房編集部の青山昭彦氏にお世話になった。同氏の適切なアドバイスとお導きに対して、心から感謝の意を表したい。

二〇〇二年四月

佐々木信夫

序章　問われる国家の将来像

明るい展望でわが国の将来、自分らの生活を見通したい――そうした思いは誰にも共通している。しかし、その視界は極めて悪い。将来への不安もぬぐいされない。モノゴトが変わる時、現状に対する強い不満と将来への強い危機感がエネルギーとなるが、今のわが国はその二つのエネルギーが爆発寸前にあるように見える。ところがその先の方向が見えてこない。その苛立ちが閉塞感をより強いものとしている。

そうしたなか、各地で市町村合併の論議が高まっている。そのしかけ人は現地からというより政府からの感が強いが、ともかくここ数年で何らかの判断が求められる問題だ。

わが国には明治、昭和の二回、大きな市町村合併の歴史がある。そしていま三度目の波が起きている。啓蒙活動も活発であり、ここ数年のうちに「平成の大合併」と呼びうるような大きな再編になるのではないかと予測する向きもある。

だが、行政の働きかけの一方、住民側の動きが同じ歩調にあるかといえば必ずしもそうではない。問題意識の熟度はさまざまである。近隣との合併をめぐる組み合わせについてもいろいろな思惑があり、連立政権を立ち上げる以上にむずかしい局面もでている。

†パラダイムの転換

長らく慣れ親しんできたシステムを変えることはそう簡単でない。ホンネは皆変わりたくないのかもしれない。構造改革への抵抗が大きいのも同じ地下水脈にあろう。市町村合併をめぐる地域の動きには〝守旧勢力と変革勢力〟の対決とでも言おうか、既成秩序を守ろうとする考えと、変革を求めようとする考えが激突するケースすら出てきている。

もとよりこの構図は地域内だけではない。政府へも矛先がむく。都市と農村の関わり、大都市圏と地方圏の関係、地方自治の進むべき道といった、骨太の国家像がないまま市町村合併に活路を求めようとする政府の姿勢に反発すらある。深刻な財政危機のしわ寄せを市町村に押し付けるのかといった被害者意識を口にする首長もおり、「合併しない宣言」をした町村もある。

地方分権というが、政府が一方では税源移譲を棚上げしたまま、他方で合併をやれやれというように見える。自主合併といいながら、実質的には財源的な締め付けで合併に追い込もうとしているではないか、という声も聞こえる。いずれもホンネの声であろう。

合併問題の難しさの本質は、それが各市町村の自己決定事項であると同時に、地方制度、とりわけ市町村の行財政制度のあり方と深く関わっている点にある。現在、国が進める市町村合併の考え方とその施策は、財政効率の確保と行政体制の整備に重点が置かれている。一〇〇〇市へ再編できるめどをつけた上で次の自治制度を構想しようというのがいつわらざる気持かも知れない。

以下で述べることは個々の市町村を念頭においているが、しかし、各市町村が自分の都合だけを考えていたのでは、地方自治制度自体が危うくなるかもしれない。その一つが現行の地方交付税制度を維持できなくなることである。すでに五万人以下の小規模市町村にとっては痛手となる段階補正の見直しが始まっているが、これを一〇万人以下まで拡大適用しようという考えすら出始めた。

自主合併だけに委ねると、合併する市町村としない市町村が地理上でまだら模様を描き、かつ合併した市町村の規模が拡大した結果、合併しなかった市町村との規模格差が今まで以上に大きくなる。国家の設計を優先すべきか、各地域の設計を優先すべきか、どこに調和点を見出すべきかむずかしいところだ。ともかくいまは、国が合併を進めるから現地は反発する、現地が動かないから国が進めるといった水掛け論のような段階を脱してはいない。

いま既存システムがベストだと考えている人は少なかろう。現在の細切れ市町村には行政上のムダが多い、まちづくりが中途半端だという不満も多く、急速な高齢化や過疎、激しくなる都市間競争に将来たえうるかどうか、不安を覚える人々も多かろう。おそらく、いまの市町村、都道府県といった二層制システムの維持を長く続けるのは無理であり、道州制への移行を視野に入れるべき時がくる。さらに分権時代の始まりを受け、地方自治の運営は自治体のみならず、企業、NPO(民間非営利組織)、市民組織らの連携で進めるべきだというガバナンス(協治)の考えも浸透してこよう。

ともかく、財政危機は深刻だし、高齢化のスピードも速く、わが国の産業競争力も落ちている。だから地域レベルの構造改革は待ったなしだと思う。残された時間も少なかろう。しかし、将来への展望と見通しを持たないでやみくもに合併を進めるわけにはいかない。

†志の高さがあるか

市町村合併にいまもっとも必要なことは「志の高さ」ではないかと筆者は考える。確かに合併促進のために用意された政府の支援措置を当て込み期限までに合併に持ち込むというやり方も現実的な対処法である。事実、そうした視点で合併論議を進めている自治体も多い。しかし、補助金や交付金をくれるから合併するというのではいかにも志が低い。それでは従来の公共施設の建設やリゾート開発へ飛びついたことと同じになってしまう。

わが国の場合、市町村合併は歴史的に半世紀に一度やってくる波である。時代の大きな転換点に市町村再編を二度やってきた。それは近代国家の幕開けの時と、戦後復興から高度成長期に向かう時だ。いずれもが国家および地域に志があったはずである。いま展開される市町村合併は、ややもすると政府の優遇策の呼び込みであったり、国や県の言い分に従おうとか、政令市や中核市、特例市の指定を受けようとか、議員や首長の任期切れを潮時にしようなど目先にこだわりすぎている。これでは次代を切り拓く起爆剤とはなるまい。

市町村合併は新しい国の姿を創り出そうという「志」の高きもののはずだ。二一世紀にどんな国の姿、形をつくろうとするのか。その手始めを地域レベルからはじめていこうという建設的な営みなはずであって、決して目先の利害得失のみで考えるものではない。

†官僚制主導の限界

中央集権の制度疲労とか日本官僚制の弊害が語られて久しい。それは時として官僚の不祥事として、あるいは政治腐敗として表面化するが、本質はもっと構造的なところにある。生活者から距離的にも精神的にも離れている霞が関や永田町での政策設計は、すでに限界にきている。社会は極めて複雑化し多様化した。現場で起こる経済社会の閉塞感に対するさまざまな国民の思いや悩みを、官僚や政治家がうまく汲み上げることはできなくなっている。生活者起点の政治が求められる今、民意を鏡に映し出すダイナミズムを取り戻すには政治や行政のシステム、その運営方法を根本から変えなければならない。

「失われた一〇年」といわれるが、九〇年代以降、経済のみならず、政治・行政でも規制緩和、省庁再編、公務員倫理法、行政手続法、情報公開法制定などいくつもの改革が試みられてきた。しかし、政治とカネ、業者と官僚、政治家と官僚の癒着構造は一向に改善されない。官僚の秘匿体質も不変だ。秘書と政治家の問題も根が深い。時折浮かび上がる不祥事にふれるたびに国民の失望感は増幅していく。しかも、それは氷山の一角という認識が深まってしまうのだ。

現在の深刻な財政危機も、国と地方、官と民のもたれ合い構造の中から生まれてきた。護送船団方式の結果だ。しかしこれを変えるのも簡単ではない。利権構造とまでは言わないが、仕組みとして完成した各界の既得権益に強い意思で切り込み、解体するのは誰か。政治の無力さと政治家の弱さをいやというほど痛感してしまう。

もう政治家や官僚に頼ることはやめよう。自分らで変えよう。自分らの意思と責任で「公」の領域をマネージメントすべきだ。そうした大きなシステム転換として提起され、実行に移され始めたのが「地方分権」である。九三年の細川連立時代の三大改革、「政治改革」「規制緩和」「地方分権」の一つとして設計され、その後、二〇〇〇年四月、地方分権一括法の施行となった。二〇世紀を形づくった集権体制に代わるものとして、分権体制への一歩が示されたことは特筆すべき出来事である。

もとより、地方分権といっても「中央集権」以上に一般市民には判りにくい。そのイメージすら浮かばない。その効果はプラスなのかマイナスなのか。遠い政府（国）より、身近な政府（市町村）で政策設計が行われる仕組みを地方分権というが、住民は、それによって自分たちの生活にどのようなプラスが生まれるのか、それに対する明確な回答がなければ関心すら浮かばない。国であろうが地方であろうが、行政を託した方々がしっかりやってくれればそれで良い――そう考えている人々も多い。

地方分権の社会化（学習）が進まない現状では、地方分権といっても役人レベルの関心事に止まっているのかもしれない。しかし、そうであってはならない。

わが国が構造的に抱える諸問題の解決に地方分権は不可欠である。税に対する統制も公共サービスに対する選択も身近な政府への参加があってこそ可能となる。地方分権は民主主義の進歩にとって不可欠な条件整備なのである。

†問われる「受け皿能力」

統一的で公平なサービスを国のリーダーシップで設計する――これが中央集権のシステ

ムである。一方、まちづくりやサービスに多様性、総合性を認め、迅速な意思決定でそれを設計し提供していこうというのが地方分権のシステムである。自治体を国の下部機関と位置づけ国の多くの仕事を委任してきたこれまでのような中央集権体制と違い、自治体が地方政府として自己決定・自己責任で仕事をするのが地方分権である。地方分権一括法の施行によりその制度環境は整いつつある。今後、税財源の分権化が進むといよいよ本格的な分権時代の到来となる。

問題はそうした分権改革を受けて、自治体および地域住民がどう行動するかである。いわゆる〝受け皿能力〟論の問題である。そこで問題視されるのが自治体の規模と能力だ。双方は連動する性格のものだが、人口数千人から数万人程度の小規模自治体が多いわが国で、はたして現在の市町村体制のままで地方分権の受け皿となり得るのか。責任ある政治や行政を営む単位として適正なのかどうか、そこが問われている。

一九六〇年代以降、高度経済成長を引き金とする農村から都市への急激な人口移動は、わが国の国土に大きなひずみをもたらした。そしてさまざまな努力にもかかわらず過疎・過密の同時併存を解消できないまま二一世紀に入った。

いまさまざまな過密の問題を抱える都市部は都市部で、過疎問題に悩む農村部は農村部で市町村の合併問題が浮上している。市町村合併は農村部の問題だという人がいるが、決してそうではない。むしろ大都市圏ほど率先してボーダレスに対応すべきではないか。

平成の大合併を実現することで、例えば一〇万人規模以上の基礎自治体へと再編し、行政能力の向上を図るべきだという声が強い政府の方針もそこにある。しかし、そこにはむずかしい問題が絡む。市町村合併は区画整理事業のようなものと割り切って捉えるべきだと言っても、土地の区画整理もそうであるように、実際の推進過程では住民の利害、地域の利害、政治の利害などさまざまな利害が輻輳し対立が生まれる。中長期の目でといってても、どうしても目先の話題に話が進みがちだ。これが現実なのである。

国の考えに沿い、全都道府県で市町村合併・再編のマップがつくられている。しかし国主導の上からの合併を進めてきた明治、昭和の合併と異なり、住民主体の〝自主合併〟を前提とする今回の合併は、住民の理解と協力がない限り、その成就はむずかしい。

地方自治は団体自治と住民自治の二つの側面を持つ。市町村合併は、それぞれの市町村の団体としての自治的側面から、そして住民の自治としての自治的側面からみたサイズをどうしていくかという、地域自治のあり方を決める重要な問題なのである。ここは慎重ながら大胆な改革設計が必要となる。

第1章　なぜ市町村合併なのか

日本の地方レベルの行政には歴史上、次のような特徴がある。第一に、地方自治体が規模を変えながら行政サービスを充実させてきたこと。第二に、国の指導力に自治体が協力する形で地域振興を図ってきたこと。第三に、高度成長期やバブル経済期の潤沢な財政状況を反映し地方単独事業を拡大させてきたこと、である。

1　市町村合併の歴史

†規模拡大の歴史

ここでは第一の点を取り上げてみよう。私たちに身近な基礎自治体は明治時代の初めには七万余に及んだが、明治二二年から新たな市制・町村制がスタートするに当たり、これを約一万五〇〇〇に合併・統合している。これが今日の市町村の原形である。それから半

図1-1　市町村数の変遷

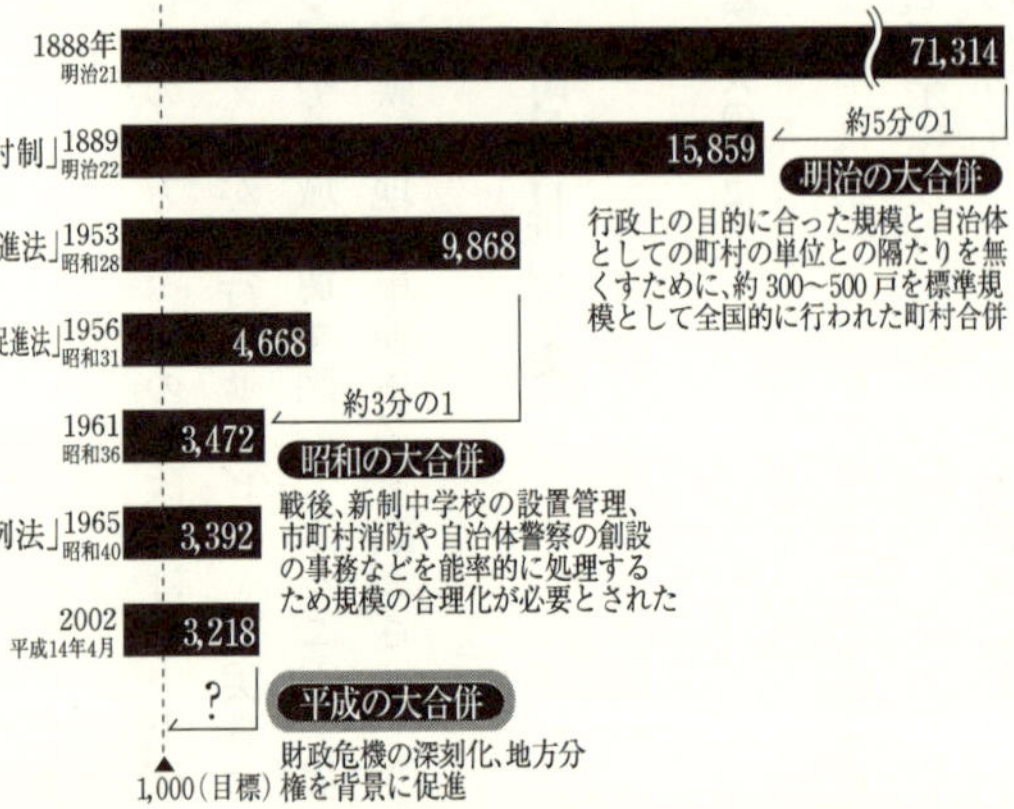

世紀後、第二次大戦の復興をほぼ終えた昭和二八年から三六年にかけて、もう一度これを約三五〇〇に減らし現在の三二一八市町村となっている。明治の大合併、昭和の大合併といわれるものである。

明治、昭和の大きな市町村合併はこの時期に集中しているが、必ずしも一気にそうなったわけではない。その間にも少しずつ合併が進んできた。ともかく合併促進の法律等に基づいて一世紀の間に二五分の一に数を減らした。見方をかえると、各市町村は二五倍に規模を拡大し現代に至っているのである（図1−1）。

時代の変化に応じて合併・再編を繰り返してきた日本の地方自治は、市町村合併の歴史をもつイギリスやスウェーデンと比較しても、その変幻自在さは極めて特徴的である。

そしていま、三たび大きな市町村合併・再編の流れに遭遇している。

†期限は二〇〇五年

政府は市町村合併特例法にさまざまな合併優遇策を盛り込んでいる。起債発行額の七割の償還を国が負担する特例債の発行や、合併後一〇年間の地方交付税額の維持などがそれである。一方で、合併しない小規模な市町村に交付税削減という「圧力」をかける。この合併特例法の期限切れが二〇〇五年三月に迫るなか、財源の多くを国に依存せざるを得ない各市町村は正面から合併問題に向き合うこととなっている。一〇〇〇程度の数に再編したい政府の思惑はうまく実現できるのか。戦後曲がりなりにも地方自治の営みを続けてきた過程で、明治、昭和の大合併時とは異なる新たな様相も生まれてきた。

あくまでも自主合併を掲げるなか、「合併しない宣言」をした福島県矢祭町のような自治体もある。直接請求などによる住民投票で合併の賛否を問おうとする動きが活発なのも今回の特徴だ。合併をめぐる住民投票の実施条例の制定が相次いでいるのも特徴である。いまの制度では、合併の協議に住民が直接参加する機会の少ないことが背景にあろう。

こうした自治意識の高まりを軽んじ、住民の意向を汲まないままに国が合併を求めれば、平成の大合併は簡単には進むまい。かといって、いまの三二一八市町村体制の温存がベストだと考える向きは少ない。とりわけ人口二万人以下の町村が八割近くを占めることが財政運営の非効率性を生み、地方分権が進むなかで、はたして受け皿となりうるのかが疑問視されているからである。

もとより将来ビジョンの見えない地方自治について、合併促進だけを急ぐ空気に反発がみられる。一般住民のレベルでは平成の大合併が必要だという認識はうすく、政府の意図が十分浸透している状況にはなさそうだ。はたして日本の歴史からみて、いま大きな市町村合併・再編は必要なのか。合併問題を抱える自治体の現場を覗くと、歴史、風土、産業構造の違いから地域生活をめぐる利害対立の構図すら浮かび上がってくる。現在、全国の七割近くの市町村が合併に向けた研究会や協議会、特別委員会などを設置し論議を重ねているが、はたして平成の大合併を実現できるのか、実現する意義はどこにあるのか掘り下げた検討が必要な時期にきた。

†多数を占める小規模自治体

合併は手段であって目的ではない。地方分権の話も同じだが、市町村合併により本当によい地域が生まれるのか、住民ニーズに沿った行政が行われ、財政規律の保たれる財政運営が期待できるのか、その実現の担保こそが問われている。

地方分権を進めるわが国には、受け皿としての市町村能力を不安視する声が以前からあった。その能力は政策能力と規模能力に分けられるが、とりわけ規模能力の問題が市町村合併の問題である。現在の市町村が、地域経営の単位として、行政経営の単位として、政治参加の単位としてふさわしいかどうか。小規模から脱皮し、一定の規模と能力を備えた足腰の強い新しい基礎自治体への再編へ向かうべきだという声は、経済界からも強く寄せられている。

2　市町村合併の背景

†なぜ、合併なのか

政府の市町村合併を進める理由づけをみると、次の四点に整理できる。

第一は、各自治体の「自治能力」を高めること。足腰の強い市町村をつくるべきだという言い分はここにある。ここでの能力とは自治体の行財政能力を指すのだろう。

第二は、少子高齢化への対応が求められること。少子高齢化は税金を負担する人が減り、逆に税金を使う人が増える社会だ。介護保険ひとつとっても、一定規模を持たない自治体はすでに行き詰まっている。現在八〇〇〇人の町は一〇年後には六〇〇〇人まで人口が減るとされる。どうしても一定規模を確保しないと行政運営の展望が開けない。

第三は、新しいまちづくりのチャンスだということ。市町村合併は単に市町村の垣根を取り払うだけでなく、旧市町村が持つ人材や産業、特産品、文化などの地域資源を有効に生かし、次世代へむけた地域づくりに挑戦できるチャンスだということである。

第四は、合併こそ最大の行革チャンスだということ。合併は行政サービスを落とすことなく経費を削減し、財源を生み出す絶好の行革手法だといわれる。

確かにこれらの説明は間違ってはいない。しかしもう少し掘り下げた分析が必要である。

†大きな背景——三つの潮流

筆者は、市町村合併が求められる背景は大きく三つの流れが合流した結果だと見る。

第一は、行政上つくられた行政圏と実際上成立している生活圏とが大きくずれてしまっていること。第二に、国、地方とも深刻な財政危機下にあり、効率的な財政運営への切り札が求められていること。そして第三に、中央集権から地方分権へのシステム転換が行われ、自治体自身の政策能力、経営能力の向上に向けスケールメリットを生む必要があること、である。この三点について検証してみよう。

i　行政都市と実際都市のズレ

国境がなくなること、これをボーダレスというが、国境のみならず県境も市町村境もなくなっているのが現在の日本である。その要因は、情報インフラの整備とコンピュータ、電話等の普及による情報通信革命と、道路網の整備でありクルマの普及したことである。

一九五五年（昭和三〇年）にたった一五〇万台の自動車しか保有しなかった日本が、半世紀後の現在、七五〇〇万台の自動車を保有している。アメリカに次いで世界第二位の自動車保有国である。日常を自転車に頼っていた五五年前後と違い、クルマが日常移動手段となった。この結果、住民の生活圏は飛躍的に拡大し、地域構造も大きく変わった。中心部商店街の崩壊と郊外大型店舗群の形成も行われた。結果として人々の流れは大きく変化した。

いまから一〇〇年前は、都市に住む人口は五％であり、都市圏といえるような地域は東京、横浜、京都、大阪、神戸などごく限られた地域に止まっていた。それがいまや都市に住む人口比率は八〇％である。交通手段も一〇〇年前の馬、船、徒歩の時代から、今や三大高速網が整備され自動車や電車が日常の移動手段となっている。そして電話やコンピュータ等情報通信手段は都市圏レベルを超えボーダレスの状況を生み出した。この変わりようは大変なものだ。

産業構造も、主力は第一次産業の農林漁業から第二次産業の工業へ、そして第三次産業のサービス系産業へと変わった。都市化の進展と連動し、今や日本列島各地に大小さまざまな都市圏が生まれている。他方、地方ないし農村地域では人口流出に歯止めがかからず、過疎化が深刻な社会問題となった。

一九三九年（昭和一四年）当時たった一〇〇万台だった電話の普及が、現在六〇〇〇万台を超え、携帯電話まで含めると一億二〇〇〇万台（PHSを含む）に達した。国民一人一台の普及率である。インターネットの普及も、地理的・物理的な距離に関わらず人々の交流を促進し、産業・経済活動の活発化、遠隔医療、ネット上の住民参加など社会の多様なネットワークの形成につながっている。今後も移動距離が短縮され、地形的制約を超えた多様な交流がいっそう進むものと思われる。

このように人々の日常生活圏を拡大させる技術革新が進む一方、わが国の市町村体制は一九五五年（昭和三〇年）頃からほとんど変化がない。もう一つの「五五年体制」と言われる所以だ。行政上つくられた「行政都市」と実際上形成された「実際都市」が大きくズレているのが現状で、行政の運営上も日常の生活上もこのズレの解消を図ることが不可欠となっている。

ii　国、地方の財政危機

おりしも政府は財政破綻をきたし、各自治体も財政危機にあえいでいる。これはもう一時的な現象とは言えまい。景気が回復すれば財政危機は克服できるとの声はあるが、「失われた一〇年」の検証からしてその説得力は少ない。いかにすれば景気は回復するのか。増税か、インフレか、大幅な歳出カットかのいずれかが迫られている。もはや構造的な転換なくして日本の将来に明るい展望を生み出すことはむずかしい。

自己決定・自己責任で行政を運営する地方分権の時代が始まった今、まさに自己決定・自己責任の立場から市町村の規模、エリアのあり方について自分たちなりの答えを用意しなければならない。銀行、証券、自動車など大手企業の合併再編が相次ぐ中、身近な公共生活の分野でも市町村再編は避けて通れない。そうした声は強い。

GDP五〇〇兆円規模のわが国で、日常生活の大体四分の一程度が公共サービスで賄われている。そのため国で八〇兆円、地方で九〇兆円、合計一七〇兆円の財政となっている。もとより国、地方の財政重複三五兆円を除くと純計で一三五兆円の財政規模だ。このうち、税金は国税五〇兆円、地方税三五兆円で八五兆円にとどまる。料金収入等の五兆円を除くと、残りの四五兆円は借金である。つまり国・地方は税収で六〇%、借金で三五%を賄うという状態だ。しかも国債三〇兆円のうち二三兆円は赤字国債の発行という最悪の事態である。

借金の累積残高は六六六兆円（〇一年度末）。GDPに対する公債残高比率は一三〇%を超す。これは、アメリカ、イギリス等欧米諸国の二倍の率である。マーストリヒト条約はEUに加盟できる条件を「対GDPの公的借金残高率で六〇%以下」と定めている。これをかりに国際標準とすると、わが国は世界でもっとも財政状態の悪い国ということになる。数年後には一〇〇〇兆円まで借金が膨らむと予想される。会社なら間違いなく破産宣告。本格的な構造改革、構造転換が求められていることは確かだ。

歳出構造をみると、国、地方を合わせると人件費が約三五兆円（国一〇兆円、地方二五兆円）、国・地方債の元利償還が約三〇兆円と財政の硬直化が進んでいる。また地方の歳出九〇兆円に占める市町村のウエイトが半数に上るが、これを三千二百余に細かく分割して使っているところに非効率性が生まれる。なぜなら、それぞれの規模に合わせようとするフルセット型の施設整備や行政サービスがどうしても割高となっているからだ。

政府のいう聖域なき構造改革は、道路など公共事業の大幅な削減、また自治体財源の二十数パーセントを占める地方交付税の縮減、大幅見直しを打ち出している。補助金カットと並んで有力財源となってきた交付税の縮減は自治体を直撃する出来事になる。もとより、交付税制度はすでに、格差是正の役割を超え、補助金の裏負担、起債事業（地方単独）の裏負担制度として変質している。結果としてそれが、国と地方の財政膨張、および地方の中央依存心を蔓延させ、自己決定・自己責任・自己負担の三大原則で運営されるべき地方自治を歪めてしまっている。だから、改革は必至なのである。

地方交付税の交付金額は自治体の人口、面積などに基づく「基準財政需要額」により算出されるが、最近では、地方の歳入が低迷する一方でこれを賄う基準財政収入額が増えず、それを国が補塡し続けたことで、「交付金額は野放図に拡大した」とされている。

iii　地方分権の推進

第三は地方分権の推進である。これに対する受け皿能力の向上は待ったなしである。この点は市町村合併を議論する際、もっとも大事な点である。

これまでわが国の中央と地方の間には以下のような問題があった。

第一は国と地方が上下・主従の関係にあったこと。本来、対等・協力関係におかれるべき国と地方の関係が、機関委任事務制度と補助金行政の執行過程を通じて「上下・主従関係」におかれていたことだ。このことが結果において、戦後保障されたはずの地方自治について、とりわけ団体自治について空洞化をもたらしてきたのである。

第二は自治体首長が二重の役割を負わされてきたこと。本来、地域住民の公選首長として「地域の代表」の役割に専念すべき知事、市町村長が、機関委任事務の執行者としての「地方機関」の役割を負わされ、「二重の役割」を担う立場に置かれていたことだ。しかも地方機関としての役割が知事で八割、市町村長で四割と重かった。これはまた、結果として機関委任事務の審議権を与えられていない地方議会の空洞化を招き、本来の政策論議の場から遠ざけることとなってしまった。

第三は行政責任が不明確なこと。本来、国・都道府県・市町村のそれぞれの行政責任は明確であるべきである。しかし国が考え(plan)、地方が行い(do)、国・地方が一体で責任を負う(see)という集権・融合型のしくみのもとでは、どこに行政責任があるのかが不明確である。政策の失敗について、税金の無駄遣いについて、公務員の失政について、国民は何ひとつアカウンタビリティ(説明責任)を問うことができないしくみであった。

第四は自治体が狭い裁量権しか持ち得なかったこと。集権下では全国を一つのモノサシで図るナショナル・ミニマムの実現が求められ、自治体の狭い裁量権の結果、地域ニーズに沿う行政はできず、結果においてコストと時間が浪費されてきた。近年批判の強い公共事業に対する不満もそうしたことの帰結と言える。

第五は硬直した行政システムの弊害が大きいこと。本来、別々の組織機構をもつべき国と地方がタテに結びつき、国のタテ割行政の弊害が地方をも巻き込み、結果として政府機構全体が柔軟性を失ってしまったことである。その被害は一般国民に及ぶ。

3 地方分権の時代へ

†地方分権の要点

これらを解決する方策として二〇〇〇年四月に地方分権一括法が施行された。その結果、以下の点に大きな変化が起きたのである。

i　機関委任事務制度の全廃

第一は機関委任事務制度の全廃。今回の改革の最も大きな柱は、各省大臣が知事、市町村長に委任している五六一項目にわたる機関委任事務制度を全廃したことである。市町村業務の四割、都道府県業務の八割を占めてきた国の機関委任事務が制度上廃止された。その六割以上はそれぞれの自治体の自治事務となった。残るは法定受託事務だが、これで自

図1-2　機関委任事務制度廃止後の新しい事務

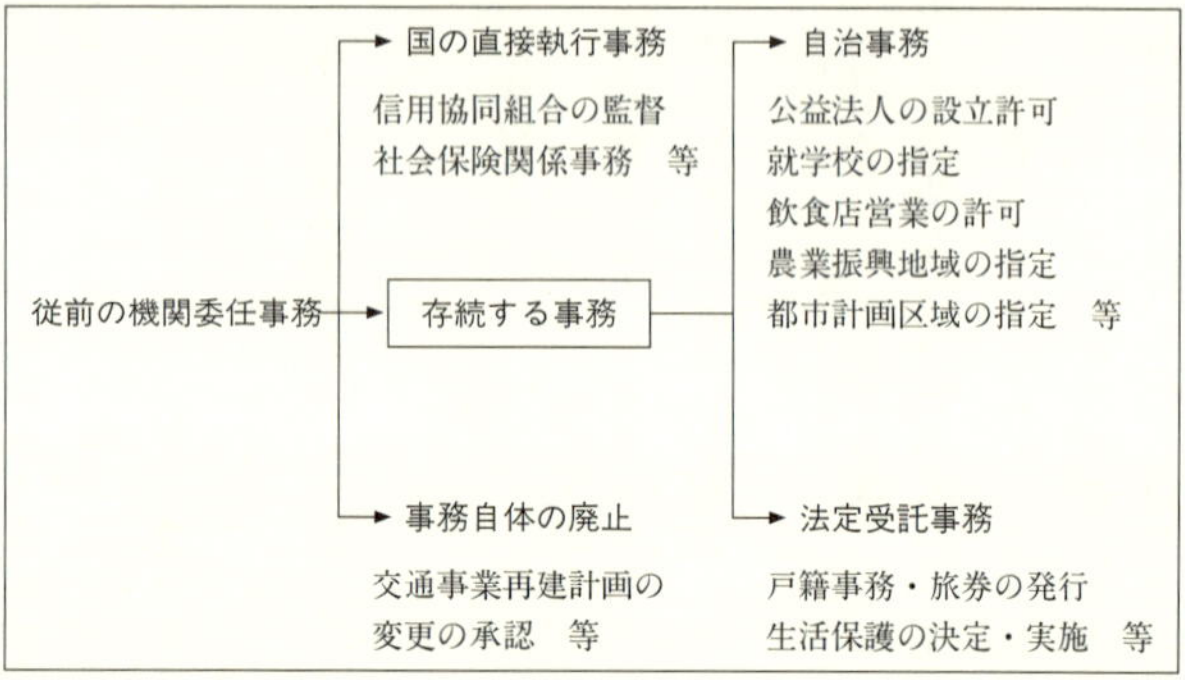

治体の事務は従来の固有事務と自治事務を合わせたものが独自事務となった。自治体業務の約七割が独自に処理権限を持つ独自事務となったのである（図1-2）。

ii　地方への関与の縮小・廃止

第二は、自治体への国の関与を縮小・廃止したこと。まず従来のような機関委任事務制度下で行われてきた国の包括的かつ権力的な指揮監督が廃止された。基本的に国の関与は技術的助言、事前協議的なものに限定された。法定受託事務についても、許可・認可・承認・代執行などの仕組みは残るが、従来の職務執行命令を基礎とする通達行政は大幅に制限された。

もっとも、通達がガイドラインとか指導指針といった表現に姿をかえて頻発されることがないとは言えない。しかし、それは自治体側で拒否すればよい話だし、国も地方分権の趣旨に沿い、そうした手段は必要最小限に止めなければならない。
また、自治体に対し職員の採用資格を制限し、かつ人口規模などから必要数まで決めてきた、いわゆる「必置規制」(特別の資格又は職名のある職員、審議会等付属機関、自治体の行政機関又は施設の設置義務などの規制)が大幅に緩和されたことである。どんな職員をどれぐらい採用するかという自治体組織権、人事権はこれで大幅にアップする。

iii　自治立法権の拡大

第三は、自治体の自治立法権限の拡大。わが国では「法律の範囲内」でしか条例を定めてはならないことになっている。国家秩序の維持という思想がそこにある。しかし、都市社会は地域特有の多様な問題が発現するのが特徴だ。地域独自のルールが必要な場合が多い。国の法律事項を減らし自治体の立法権をフルに活用することが選択肢となってくる。今回の改革は条例優先主義への転換の芽を出したといえよう。自治体においては今後立法能力の向上が課題となる。

iv　国・地方の新ルール形成

第四は、国と地方に新たなルールを形成したこと。その一つは国の関与を「法定主義の原則」「一般法主義の原則」「公正・透明の原則」に沿うよう求めたことである。不透明な行政指導による関与、行政官の判断に基づく通達などによる関与を極力排除する方向を採ろうとした。もう一つは、国と地方の紛争（係争）関係の処理に新たな機関（係争処理委員会）を置くなどのルールを定めたことである。

V　地方税財源の充実

第五は、地方税財源の充実を図ろうとしたこと。地方自治の原則は、自己決定・自己責任の原則に加え、自己負担の原則が明確化されていることだ。そこで地方自治体における「自分の財布意識」の確立がポイントとなる。

まず歳入の自治の確立をめざし法定外普通税の許可制廃止、法定外目的税の創設、個人市町村民税の制限税率の撤廃が行われた。「当分の間」と規定されながら戦後五〇年続いてきた起債許可制も〇六年以降は廃止され、事前協議制に切り替えられる。このことで自治体は借金の自由を手に入れる。しかし、裁量権の拡大は失敗の自由と裏腹の関係にある。今後借金の仕方を間違えば自治体破綻が現実のものとなる。

†地方体制の整備

地方分権の推進の一方で、地方行政の体制整備が求められている。地方分権推進委員会の最終報告では強い調子で「自治体の自立」を促している。分権時代は市町村が地方行政の中心になっていくことは確かだ。それは市町村が住民にもっとも身近な基礎的自治体であり、総合的なサービスを提供し得る主体だからである。

地方分権は自治体の自己決定領域を大幅に拡大する改革である。国と地方の関係を集権的関係から分権的関係に変え、相対的に地方側の決定権を拡大する改革と言えよう。

もとより、これはあくまでも手段であって、目的ではない。要はこうした改革を通じて分権・分散的国家が姿を現わして来なければならない。その分権・分散的国家づくりの責任が今後自治体に移ってくる。そこで自治体自身が自ら考え、実施し、責任を負う体制づくりを行わなければならない。

今までのような、国の庇護の下で、どんなに努力しても、それほど努力せずともあまり差が見えなかった――こんな時代は終わった。お役所仕事の代名詞とされた遅れず・休まず・働かずの組織風土は一変してしまおう。伸びる自治体にはよりメリットを、落ちこぼれる自治体にはペナルティを――そんな信賞必罰の環境下にこれからの自治体はおかれる。これに自治体がどう立ち向かうのか。

こうした環境変化は自治体に競争状態を生む。〝行政には競争がない〟というのは過去の話となる。あの地域で出来て、なぜわが地域ではできないのか——この種の話が各政策領域で多くなってこよう。自治体の経営方法について「チエを巡る競争」関係が成立してくる。

「他人のカネで他人のために働く」、これが公共の論理だが、これからは「自分のカネで自分のために働く」、民間の論理に近い発想が自治体に求められる。

第2章　市町村合併の論点

市町村の合併をめぐってはさまざまな論点が存在しよう。よく出される疑問は、合併ではなく広域連合ではダメなのか、合併に適正規模はあるのか、合併でどのような効果が生まれるのか、住民投票で合併を決めるのは良いことなのか、望ましい合併とはどのようなものかといった具合である。合併で期待される効果や不安については第4章で詳しく取り上げるとして、本章ではそれ以外の論点について考察してみよう。

1　広域行政とどう違うか

†事業連携としての広域行政

一つの論点は、市町村合併ではなく、広域行政として一部事務組合や広域連合（九五年に特別地方公共団体として制度化された広域行政法人）の活用ではうまく行かないのかという点だ。

結論的にいうなら、組合や連合という共同組織には限界があるということである。これらがうまく機能する領域とうまく機能しない領域がある。確かに個別の事務や複数事務の共同処理の話ならこれらでもうまく対応できる。しかし政治機能を一元化し、サイフと計画を一つにしないとうまくいかないのが、まちづくりであり行政改革である。

一部事務組合や広域連合に地域整備の利害調整を期待することはむずかしい。組合や連合の経験と実績の上に市町村合併が行われることが望ましいが、しかしそれは必ずしも連続過程にはない。広域行政では解決できない問題処理が合併を求める動機となっている。

一般に二つ以上の自治体にまたがる課題について、二つ以上の自治体が共同して処理する仕組みを「広域行政」と呼んでいるが、その広域行政で期待できる行政サービスは三つに類型化できよう。筆者はこれを目標設定型、需要対応型、中間混合型と呼んでいる。
①「目標設定型の広域行政」。これは、土地利用とか環境政策においていくつかの自治体が共同で計画を作成し、到達目標の設定などを通じて問題解決を図ろうとする場合で、広域的な計画機能の発揮が期待される広域行政である。
②「需要対応型の広域行政」。これは、ごみ処理やリサイクル、上下水道、消防などの行政需要に対し、いくつかの自治体が共同で処理した方が効率的とされる場合で、広域的

な処理機能の発揮が期待される広域行政である。

③「中間混合型の広域行政」。これは、住宅供給とか道路整備、大型公共施設の建設などの施設整備について、いくつかの自治体が共同で対応しようという場合、あるいは既存の図書館や学校、集会施設、レンタル自転車の相互利用の場合のような連携である。これは広域的な計画機能と処理機能の双方が期待される広域行政である。

これまでの広域行政は、ごみ処理とか消防事業の共同化対応にみられるように、大量処理のスケールメリット、効率性を求めて②型（需要対応型）が多くを占めてきた。その制度として、事務の一部を共同処理するために設けられた特別地方公共団体としての一部事務組合が多く使われてきた。現在、全国に約三〇〇〇の一部事務組合がある。市町村の数である三二一八に近い。一部事務組合に加わらない市町村はほとんどないといってよい。それだけ広域共同処理は有効であったということである。

†政策連携としての市町村合併

しかし、時代の要請はむしろ①型（目標設定型）と③型（中間混合型）に移っている。ハード、ソフトを含めたいわゆるまちづくりそのものの共同化を必要としているからだ。小規模施設の乱立にみられる市町村ごとのフルセット主義（ないしワンセット主義）からの脱皮が求められている。それは、公共施設の共同設置の促進や市町村道路のネットワーク化といったハード事業から、図書館の相互利用や圏域内情報ネットワークの形成に至るソフト事業まで広範な領域が対象となる。

従来の②型（需要対応型）を中心とした連携を「事業連携」としての広域行政と呼ぶなら、こうした新たな①型（目標設定型）と③型（中間混合型）を中心とする連携は「政策連携」と呼ぶことができよう。

これについては、従来の一部事務組合方式ではうまく対応できない。いくつかの事務事業を連携化する広域連合の活用でも限界がある。政策連携は交通網や情報ネットワークの形成、各地域の歴史・文化、産業資源の活用、土地利用や環境政策など地域連携による行政サービスの向上をねらいとする。いまは県境など行政区域を越えた行政サービスの展開事業まで広がる様相にあるが、こうした政策連携を確実に地域づくりへつなげていくには、市町村合併こそが望ましい。

もっとも、政策連携が直ちに市町村合併へ結びつく話ではない。①型（目標設定型）や③型（中間混合型）で想定されている政策連携でも、特定領域に限定したものなら、広域連合の共同設置で対応できなくはない。しかし、それらの制度対応はあくまでも事務事業の一部機能の共同化に止まる話で、政治や行政を一緒にやろうという話ではない。問題はそこまで踏み込まずしてよい地域づくりができる時代かどうかである。

逆に問うてみると、三二一八市町村の現体制を維持しなければならない積極的根拠はどこにあるのか。自治体という地方政府は、あくまでも公共問題の解決に当たることが任務である。その問題解決能力が古い枠組みであるがゆえに低下しているのなら、新しい枠組みをつくるのが時代の要請ではなかろうか。

2 合併に最適規模はあるか

†最適規模はある

明治の大合併では、一つの村に少なくとも小学校を設置できるよう人口八〇〇人以上をめどに合併が進められた(標準は三〇〇〜五〇〇戸)。昭和の大合併では一つの町村に少なくとも中学校を設置できるよう八〇〇〇人以上をめどに合併が進められた。しからば、この平成の合併での目安はどのようなものであるべきか。これまでをみる限り明示的な数値を政府は示していない。

それは自主合併が基本だという時代の違いもあろうが、人口規模はいくらが望ましいといえるほど行政が単純ではなくなったということも背景にあろう。例えば同じ教育施設でいうなら、高等学校を設置できる人口規模はほぼ一〇万人だから、これからの市の最適規模は一つの高校をもつ規模が望ましい、という示し方も一案かも知れない。ただ、小中学校と異なり市町村にその実感はない。なぜなら現在、高校の多くは都道府県が設置しているからである。他の行政サービスでは必要規模は異なっている。この点は後述しよう。

徒歩で三〇分以内に村役場がある、自転車で三〇分以内に市町村役場がある――明治、昭和の合併目標を交通手段で説明する仕方もある。それに沿うなら、いまは自動車で三〇分以内に市役所があるという説明となろう。しかし、イメージとしてはともかく、これに説得的な意味を持たせることはむずかしい。

政府には、現行の地方交付税の交付についての標準団体が一〇万人であるから、それ以上が望ましいという説明がある。「自立できる単位の都市を例えば一〇万とし、それを基礎自治体と位置付け、地方自治法を書き直すべき時期にきている。現行の地方交付税の単位費用は、人口一〇万人の都市を標準団体として算定されているからだ」(石原信雄『ガバナンス』〇二年一月号)という意見がその代表だ。

これも一つの指標と考えるが、筆者はもう少し多角的に適正規模論を捉えるべきだと考えている。

図2-1　自治体の適正規模

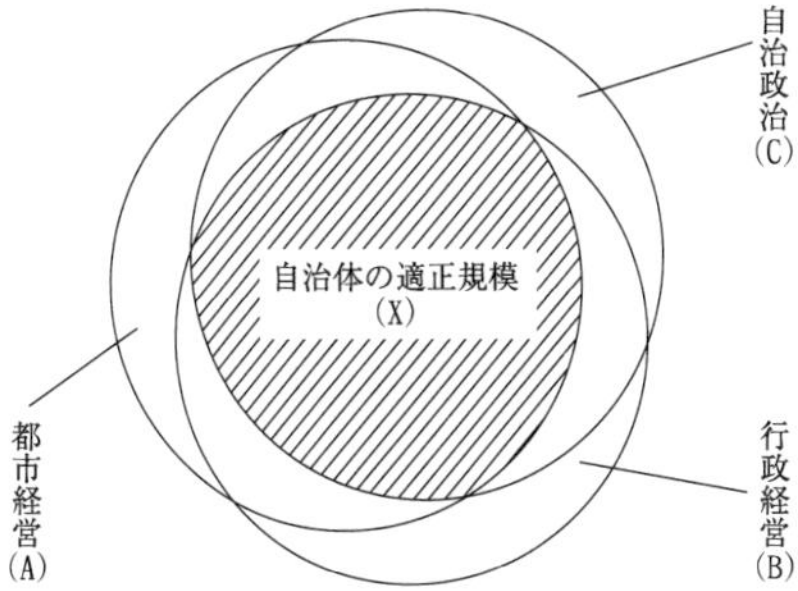

新しい自治体の規模を捉える視点として、図2―1に示したように都市経営の単位（A）と行政経営の単位（B）と自治政治の単位（C）の三つが重なり合う斜線の部分（X）が自治体の最適規模ではないかと考える。各地の自治体で都市経営、行政経営、自治政治の三つのサイズについてそれぞれ科学的な計算を積み重ね、三つの輪が重なるところを見つけ出す努力をすべきではないか。各県が示した県内市町村再編のパターンはその努力の成果かもしれないが、具体的なケースはそれぞれの地域ごとに決めることが望ましい。

まず都市経営の規模とはマーケットの大きさを指す。ここではそれぞれのサービスごとに損益分岐点を計算し必要とする人口規模を算出する必要がある。効率のよいマーケットの大きさとして、例えば消防行政では一〇万人、ダイオキシンの発生しない清掃工場の維持には一〇万～三〇万人、介護サービスの供給には二〇万〜三〇万人、五〇〇のベッド数をもつ病院経営には二〇万人程度の人口規模が必要とされる。後述するが、人口規模別の一人当たり歳出額では一〇万から三〇万人が効率的と算出されている。こうしたところから他のさまざまな制約条件を抜きに理論値としてみた場合、地域経営の単位としてはおおよそ一五万から三〇万人の規模が適正なように思われる。

行政経営の規模については、専門性を高めていく職員の規模はどれぐらいかという点で考えたらどうか。仮にそれぞれの自治体に六〇〇種類の行政事務があるとした場合、二〇〇人の職員で構成される町村役場では一人の職員は三つの仕事を兼務している計算になる。一〇〇〇人の職員のいる市役所では一・六人で一つの仕事をしている勘定だ。もちろん一〇〇〇人の市役所職員のいる都市は一〇万人の人口規模を持つだろうから、一つの仕事の処理量は多く、一・六人で仕事をしているからといって仕事が楽だということにはならない。しかし組織というものは規模が大きい方が組織余力（組織スラッグ）を生み出しやすい。その点、専門性を高めうるチャンスは大きい自治体の方が有利である。

専門性をもてる職員規模は、一万人未満の自治体（職員が一〇〇人余）ではほとんど不可能とされ、企画的な仕事を専門的に行える組織をもつ規模としては五〇〇人以上の職員が必要とされる。各種の専門職を揃えるには一五〇〇人以上の体制が必要となる。

†政策能力がポイント

地方分権が進む今後、個別の事務事業について自治体職員が立案（plan）→実施（do）→評価（see）の一連の政策過程に関わることになる。その場合、今までの経験・蓄積が乏しいplanの分野について職員一人で三つの仕事を兼務している小規模自治体に政策形成能力の向上を期待できようか。担当の業務について学習・調査・研究などの考える時間的余裕を与えることができるのか。相当むずかしいと考えるのが常識だろう。一つの仕事にエネルギーを集中できる職場環境においてこそ、専門性は高まる。

とするなら、二〇〇人の町村役場より一〇〇〇人の市役所の方が、分権時代に向くと考えられる。いま福祉、都市計画、環境政策、教育、あるいは電子行政などさまざまな分野で職員の専門能力向上が求められる。その向上なくして地方分権を市民のために生かすことはできない。行政経営にも一定の規模の利益、集積のメリットが存在すると考えなければならない。人口一〇〇〇人当たりの職員数が最も低くなる数値は一〇万から三〇万人という調査結果がある（表2－1）。

ちなみに、筆者が関わった宮城県の合併ガイドライン作成時の計算では、職員数から見た場合の人口の最適規模は約一七万三〇〇〇人と出ている。人口一人当たり歳出額で見た

表 2-1　自治体の適正規模（理論値）

人口に対する職員数			人口に対する歳出額		
人口	職員数	指数	人口	歳出総額	指数
1000	38.0	5.06	1000	2370839	7.61
3000	20.5	2.73	3000	1091415	3.51
5000	16.2	2.15	5000	810640	2.60
10000	12.3	1.64	10000	577395	1.85
30000	9.1	1.21	30000	392416	1.26
50000	8.2	1.10	50000	349343	1.12
100000	7.6	1.02	100000	318157	1.02
173598	7.5	1.00	169796	311364	1.00
300000	7.6	1.02	300000	319229	1.03
500000	8.0	1.07	500000	340623	1.09
1000000	9.0	1.21	1000000	396651	1.27

注　面積の平均値＝114 km² と置いた場合

資料：宮城県「みやぎ新しいまち・未来づくり構想調査研究報告書」(1999年3月)

場合は約一七万人が最適規模と出ている。これらからして、行政経営の単位は一〇万から三〇万人規模の自治体が効率性の面では優れていると言えよう。

†政治参加の単位

もう一つは自治政治の単位についてだ。相互に顔見知りが多く、フェイス・トゥ・フェイスの関係が成立しているのが農村など町村の特徴である。一方、顔見知りもおらず、隣は何をする人ぞといった匿名性の高いのが都市など大きな市の特徴である。いま全国的にいうと、人口二万人以下の自治体では議員選挙や首長選挙で三分の一近くが無競争当選の状態にある。政治に競争がない。結果として多選首長も多く、ほとんど改革論議が起こらない。これがムラの政治状況である。草の根民主主義の根が枯れていると思えるが、これでよいかどうか。

他方、人口四〇万人を超える中・大都市になると、選挙の投票率はおしなべて五〇％を割り込み、政治参加の度合いは極端に下がる。たまに争点が単一化し選挙がマスコミによって一種のショウに仕立てられた場合を除き、投票率はより下がる傾向にある。

小さすぎると無風、大きすぎると無関心、どうもこの中間領域に政治参加の適正規模がありそうだ。確たることは言えないが、少なくとも合併反対の理由としてよく持ち出される自治政治の単位は小さいほど望ましいということは言えそうにない。広域連合の話の場合、都市経営の大きさを中心に議論をすれば済むが、市町村合併まで視野に入れると、どうしても行政経営と自治政治の規模について触れざるをえない。市町村合併の合併協議会の場においては、地域の実情に沿う三つの視点からの適正規模の設定に関する議論を深めたい。それはエリアをめぐる無用のかけ引きと混乱を避けるためにも必要なことだ。

3　合併に住民投票は必要か

†住民投票の性格

市町村合併の合意形成に住民投票の導入を検討する自治体が増えている。その背景には、行政側のみで合併を推し進め、肝心の地域住民に何の意向確認もないことへの不満がある。逆に経済団体や住民側が合併を求めても、保守的な首長、議員らの保身によって合併の動きが封じられてしまう。そうしたことへの突破口として住民投票に活路を見出そうという場合もある。

住民投票法のないわが国では、住民投票の試みが自治体レベルで始まったとはいえ、いまだ混乱が絶えない。事実、自治体自身、住民投票の一般条例を持たないだけに「何に適用すべきか」がわからず手探り状態にある。これまで産廃施設、原発、河川の可動堰の設置をめぐって、また米軍基地の縮小などをめぐって住民投票が行われてきたが、その多くは反対運動のテコとして住民投票を活用しようというものであった。二〇〇一年にも新潟県刈羽村でプルサーマル導入をめぐって、三重県海山町で原発誘致をめぐって住民投票が行われ、それぞれ反対票が多数を占めた。確かに政治争点化した問題の解決方策として住民投票を活用することは有効かもしれない。

しかし、住民代表である議会との関係をどうすべきか、投票結果が首長の意向と異なる場合どう判断すべきかなど、整理しなければならない問題は多い。そうした基本的なルールのないまま市町村合併に住民投票を導入しても混乱が収まるとは考えにくい。事実、市町村合併に住民投票を用いたある市の事例などをみると、住民投票自体の公正性を疑わせるような運動を行政側が行っている。

†議会との関わり

筆者は二〇〇〇年から〇一年にかけて米国カリフォルニア州の住民投票を研究する機会があった。比較的「住民投票」を好んで使うアメリカの州や市の例を調べてみると、議会と住民投票に一定の棲み分けルールがあることがわかった。

そこでの基本的な考え方は、一人ひとりの住民の懐や生活に直接関わる問題を自治体が決定しようとする場合は、議会の決定をもって最終決定とせず、必ず議会の議決を案として住民投票にかけるよう求めているということだ。

すなわち①地方税を増税する場合、②地方税を減税する場合、③新たに新税を創設する場合、④地方債を発行する場合、⑤区域を変更する場合（日本では市町村合併）は、議会の決定を「案」とし、それを住民投票にかけ、過半数の支持を得て初めて議会の決定が効力を有するというものである。

日本でも類似の考え方から住民投票を求める規定が憲法にある。日本国憲法第九五条の特別法の規定がそれだ。同条は「一の地方公共団体のみに適用される特別法は、（略）その地方公共団体の住民の投票においてその過半数の同意を得なければ、国会は、これを制定することができない」と規定している。国などの意思で地域住民の意向と違う法律が決まることを防ごうとした団体自治の保護規定である。いま例示したアメリカの規定も同じ発想に立っているようにみえるが、違うのは団体の自治ではなく、住民自治の側面に住民投票を活用している点である。

⑤でいう区域の変更が日本の市町村合併に当たろうが、かりに日本でもこうしたルールを入れるとするとこうなる。市町村合併の議決権をもつ地方議会が合併を決定してもそれは最終決定とならず、「合併する」を案として住民投票にかけ住民の過半数の支持を得なければならないことになる。アメリカの方式は間接代表制と直接参加制を組み合わせた、民主主義の一つの成熟した合意形成のルールと思うけれども、果たして日本で受け入れられるかどうか。もとより受け入れられないからといって、住民投票が不要という話にはな

らない。住民投票を住民の意向確認の道具として用い、政策判断の有力な材料として活用するなら、それはそれで意味がある。市町村合併の住民投票は事例が少ないが、これまでの産廃施設等をめぐる住民投票では、条例で首長や議会に結果に対する尊重義務を求めることが多かった。これに法的拘束力はないといっても、事実上出た結果には首長、議会は従わざるを得ない。

†住民投票は有効な手段

市町村合併という地方自治の基本に関わるエリアの変更について、首長や議会だけの判断でいいかどうか。やはり住民皆の意見を聴くべきではないか。筆者は状況が許すなら、なるべく参考投票型でもよいから、市町村合併について住民投票を行うことが望ましいと考えている。

というのも、まちづくりは住民の共通の「目標」と「感動」がなければ成功しない。そのまちづくりの基盤となる市町村の区域のあり方について住民の意向を聴かないで決定したとすれば、その後、地域の運営はうまくいくとは思えないからだ。もう一つは選挙公約としての「合併」の理解の仕方だ。首長でも議員でも選挙に出る際は「公約」を掲げるが、その中で自分は公約として「市町村合併」を掲げ当選を果たしたのだから、合併推進に

「GO」サインを得ていると主張する。しかし、実際、選挙公約は五つも六つも並べられていることが多い。福祉の充実だったり、農村の活性化だったり、道路基盤の整備だったりとその内容はさまざまである。ある人は福祉の充実に魅かれ、ある人は基盤整備を支持して一票を投じているかも知れない。その一つの柱として市町村合併を掲げたからといって住民がそれを支持したかどうかは明確でないのである。

単一争点は単一争点をテーマに意見を聴くことが望ましい。五〇年に一度行われるかどうか判らない市町村合併は、なるべくそれだけを争点にした住民投票などで民意を確認し、その総意に基づいて決定することが望ましい。

もし、民意を確認することで合併が壊れるというのなら、それはやはり合意形成が不十分だったと言わざるを得ない。モノゴトに一〇〇％の賛成はなかろう。右といえば左という人は必ずいる。二〇％ぐらいの反対は何事にもつきものである。が、だからといって反対を恐れるあまり「万機公論に決すべし」の民主主義のルールを逸脱してはならない。のちに述べる「透明な合併」か「不透明な合併」かのオープン度にかかわるのがこの合意形成の問題である。

†住民投票の事例

これまでの合併事例でいうと、住民投票の結果、合併の是非を決めた自治体は数例にとどまる。田無市と保谷市の合併で西東京市が誕生したが、ここでは住民投票に準ずる意識調査で合併推進の民意が確認されている。逆に合併反対の結論に至ったのは上尾市であろう。これは住民の条例制定を求める直接請求を受けての正式な住民投票であった。結果は約六対四で反対票が多く、さいたま市との合併を行わない決定をしている。その後、合併に関する住民投票条例をもつ自治体が増えてきた。新潟県両津市、福岡県田川市などがそうだ。

滋賀県米原町では〇二年三月末に全国で初めて永住外国人に投票資格を付与した「市町村合併に関する住民投票」を実施した。投票率が不在者投票を含め六九・六%と成立要件(五〇%以上)を大幅に上回った。ここでの住民投票は、町村合併という地域づくりの意思決定に外国人の参加を認め、四つの合併パターンから一つの合併エリアを選択させるという最初から住民参加を打ち出した画期的なものだった。投票結果に法的拘束力はないが、米原町を含む山東、伊吹、近江の四町による合併パターンがトップに選ばれたことはその後の展開に大きな影響を及ぼすことになろう。

政府は先の国会で合併手続に住民投票を導入するための合併特例法を改正した。住民投票の法制化自体は歓迎すべきことだが、合併協議会設置の可否をめぐる合併手続段階のみの住民投票に止まっておりどの程度有効性をもつのか。むしろ合併協議会が決めた合併案をもとに、住民投票を実行する形の方が市町村合併をめぐる住民投票としては望ましいのではないか。もう一歩進めるなら、それ以前の段階、つまり米原町方式ともいえる合併エリアを選択する段階からの住民投票が望ましいのではなかろうか。

†住民投票の留意点

第一の点は、住民投票実施者の責任についてである。

住民投票は法律がないとはいえ、一種の選挙であるゆえ、選挙運動や広報活動、投・開票、結果公表については公職選挙法が準用されると解釈されている。

投票実施者である行政当局は、選挙管理員会を中心に公正な住民投票が行われるよう、運動時点から十分注意する義務がある。しかも、住民が「賛成か」「反対か」の態度を決める際の重要な情報となる「住民投票広報」については正確かつ広範な情報の提供が求められる。

合併の是非を問う住民投票において、住民の判断材料となる住民投票広報に「吸収合併の場合、〇〇市は来年消滅します」「〇〇市が吸収される理由は何もありません」「合併で行政サービスの低下が心配です」「合併すると、市役所は遠くなります」といったマイナスイメージを匂わせる標語を並べることは許されない。○○市に自分たちの市名を入れて考えるとイメージが湧こう。実際、ある自治体は住民投票の全戸配布の資料にこうした標語を並べたのである。政府や住民から公正性を欠く行政広報と強い批判を浴びる結果となった。行政がこの種の広報を行うことは許されない。

「合併反対」（ないしは「合併賛成」）を意図するような広報活動が公権力の立場にある自治体の手で行われるなら、住民投票の結果自体に信頼感がなくなってしまう。市町村合併をめぐる住民投票を行政自らが政争の具にするなら、合意形成の手段も無意味になってしまう。住民投票の実施者たる行政の態度は中立性を保つよう細心の注意が求められる。

第二は、住民投票の結果に関するルールを定めることである。

これは条例を制定しての正式な住民投票であろうと、意向確認のような住民意識調査であろうと同じだが、結果についてその拘束力をどこまで認めるかを事前に決めておく必要がある。意向確認の場合、「合併すべきかどうか」と並んで、「市の名称はいずれがよいか」といった新市名を問う項目が付される場合が多い。

前者の場合、例えば投票率が五〇％未満の場合、投票結果に有効性は認めないというルールもあろう。かりに五〇％を超えて有効とする場合も、例えば五一対四九で賛成が多いといった（あるいは反対が多いといった）僅差の場合はどう判断するか。何を民意とするかのルールをここで決めておく必要があろう。そうしないと、あとで混乱が大きくなってしまう。

意向確認型の住民投票では、結果に対しては尊重義務しかなかろうが、かりに意向確認では六割が合併に賛成し首長もその意向に沿って合併案を議会に提案したが、議会には反対者が多く過半数でそれを否決した場合、どうするか。これは大都市周辺の新興住宅地を抱える自治体によく見られるケースである。新興住民をバックに当選した首長は隣接市との合併を公約し住民投票も実施し住民の意向を確認したが、議員は在来住民層の代表が多く反対者で占められ、最終決定者である議会が否決してしまうという場合だ。ルール上は首長は住民投票結果を尊重し、議会はそれを尊重しなかったことになるが、だからといって首長が議会を解散する行為にでることはできない。

もし、この決定に住民が不満な場合、住民には、有権者の三分の一の署名を集めて議会の解散を市当局に直接請求する手段しか残らない。その後、議会を解散すべきかどうかの住民投票が行われ、投票者の過半数以上が議会の解散を支持した場合、有権者は自分たちの意向に沿った議員を選び直すことができる。

これは逆に首長が意向確認を無視し、議会が議員立法によって合併賛成条例を提案するケースもあろう。その場合、首長のリコール請求が議会解散請求と同じルールに基づいて出され、可否を問う住民投票が行われることになろう。

こうした内部抗争を繰り返して合併が成就した場合、その後うまく収拾できるかどうか不明である。ただ、国や県の指導に基づく一方的な「天の声」（住民曰く）によって合併を進める時代ではない。自主合併は合意形成に十分エネルギーと時間を使う努力が欠かせないのである。その過程でよいまちができるかどうか、将来の展望が見出せるかどうかの議論が深まってこよう。

4　合併のパターンと選択

†合併パターンの多様さ

政府は地方分権の新たな受け皿として特例市という「二〇万人市制度」を創設したが、これは人口三〇万人市制として先行制定した中核市に次ぐ分権の担い手として大きな役割が期待されている。また保健所政令市として現在人口三〇万人が要件とされているが、これを二〇万人規模まで緩和することも検討されており、実現すれば福祉・保健・医療サービスを一元的に住民に提供することが可能となる。

また、一〇〇万人市制としての政令指定都市制度も一九五六年（昭和三一年）以降、横浜、名古屋、京都、大阪、神戸の五大都市に次いで順次指定の数を増やし、二〇〇二年（平成一四年）四月一日現在一二の指定となっている。このあと二〇〇三年（平成一五年）の指定をめざすさいたま市があり、また指定の人口要件を七〇万人まで下げたことで静岡・清水の合併新市「静岡市」も二〇〇五年（平成一七年）の指定をめざしている。

さらに総務省の設置した「自治制度の将来像に関する研究会」では、既設の政令市、中核市、特例市に次ぐ第四の制度として一〇万人市制の創設も検討されていると報じられている。とするなら、将来、市制度は現在の五万人一般市制度を含め、規模と能力に応じて権限、財源が分配される五つの市制度に生まれ変わる可能性がある。

こうした制度創設の現状をみると、現在の一般市制度を基礎に特例を積み重ねていく特例としての都市制度ではなく、発想を逆転して、一定規模以上の都市を基本に法律を制定し、新たに制度を組み立てる必要があるのではないか。それに満たない自治体については、自ら執行できない権能を都道府県が補完するという形で、こちらを法律上の特例とする方がよいのではないか。その際、町村という形で残さざるを得ない自治制度をどう扱っていくかだ。合併後でも最低規模として一〜二万人以上であることが必要と思われるが、そのとき、小規模自治体に残される事務のイメージとしては、住民票や印鑑登録証明に関する事務、小・中学校の管理・運営に関する事務、身近な福祉・衛生行政といったものになろうか。これについては第6章でもう少し詳しく取り上げたい。

i 制度の活用重視

次に規模との関連で合併のパターンはどのようなものが考えられるかを検討してみたい。ここでは大きく分けて三つの分類を紹介しておこう。一つは制度活用を重視するパターン、二つめは県の指針を重視するパターン、三つめは地域活性化を重視するパターンである。

まず制度の活用を重視するタイプだが、これは政令市とか中核市、「市」制度の適用など行政制度を視野にいれて合併しようという発想法だ。

表2-2に見るように、各地の自主合併を求める多様な動きをみると制度活用志向が目につく。もとよりそれがすべてではないが、そこに見られる市町村合併のねらいを大別すると、大きく二つに括られる。

第Iの類型は、合併により新たな制度を導入しようとするもの。第IIの類型は、広域圏の連携をより強めようとするものである。

第Iの類型はさらに、①人口一〇〇万人規模の大都市をつくり、政令指定都市の指定を受けブロック中心市の基盤を固めようとする「政令市移行型」と、②人口規模三〇万人以

表 2-2　市町村合併の類型

類型	ねらい	タイプ
I 型	新制度導入	①　政令市移行型 ②　中核市等移行型 ③　「市」昇格型
II 型	広域圏連携	①　規模拡大型 ②　過疎防衛型 ③　越境合併型

上ないし二〇万人以上の都市を準政令市並みに扱う、中核市、特例市制度の導入をめざそうとする「中核市・特例市移行型」、そして③いくつかの町村がまとまって五万人の要件を満たし、市制度を導入しようという「市昇格型」の三つに分けられる。

〇一年五月に合併し人口一〇〇万を擁する市になったさいたま市などは、〇三年度の政令市移行をねらいとしてきたから第Iの①類型に当たろう。

他方、第IIの類型も三つに分けられる。①地域の中心市を核に周辺の町村を巻き込んで規模拡大を図ろうとする「規模拡大型」、逆に②過疎の進行で人口流出が著しく市の規模を維持することが難しくなった状況に対し、周辺と合併しふたたび体力増強で活性化を目指そうとする「過疎防衛型」、③県境をまたいで形成された経済圏を核に新市を誕生させようとする「越境合併型」である。

ii　県の指針重視

政府の市町村合併研究会の報告書で示された合併のガイドラインを重視する、あるいは地元の県が示した合併パターンに沿って合併を図ろうとするものがこれである。各県の示す合併パターンは具体的な組み合わせまで示したものから、抽象的な地域指標の提示にとどめたものまでさまざまだ。ここでは、人口規模に着目し市町村合併の五つの目安とする政府の考えを表として掲げた（表2－3）。

Ⅰは五〇万人超の類型。経済圏としても中規模以上の都市。現在の地方自治法は五〇万以上で政令で指定する都市を政令指定都市とし特例を与えているが、ここでの五〇万超はそうした制度の適用も視野に入れている。最近、政府は指定要件を緩和する傾向にあり、一〇〇万が八〇万へ、そして合併するなら七〇万指定市も可能ということを表明している。国道、県道の管理権など土木行政の充実が図られ、福祉、環境などの権限が県から移譲されることでより魅力ある地域づくりが可能というのがⅠ類型のねらいとなっている。

Ⅱは二〇～三〇万人の類型。ここでは都市計画や環境保全の充実、保健所の設置、中核市・特例市への移行を視野に入れながら、地方中核都市としての役割を期待している。

Ⅲは一〇万人前後の類型。大体一〇万人の規模で高校を一つ設置できるとされる。大学なら三〇万人。ともかくこの一〇万人規模は政府の標準団体とされるもの。県内の第三、

表 2-3　人口規模でみた市町村合併の類型

類　型	想定される地域
Ⅰ．人口50万人超	①複数の地方中核都市が隣接している場合 ②大都市圏において、複数の中規模の市が隣接している場合
Ⅱ．人口20万人～30万人程度	①地方中核都市と周辺の町村で一つの生活圏を形成している場合 ②大都市圏において、市街地が連たんした複数の小面積の市が隣接している場合
Ⅲ．人口10万人前後	①地方圏において、人口の少ない市と周辺の町村で一つの生活圏を形成している場合 ②大都市周辺において、人口の少ない市町村が隣接している場合
Ⅳ．人口５万人前後	①地方圏において、隣接している町村で一つの生活圏を形成している場合
Ⅴ．人口１万人～２万人程度	①中山間地域において、同一の谷筋でのまとまりなど、複数の町村が隣接している場合 ②離島が複数の市町村により構成されている場合

資料：自治省『市町村合併研究会報告書』(1999 年 5 月）の一部要約

四番目に位置する一定の中核的役割を期待される地域の形成がねらい。

Ⅳは五万人程度の類型。通常五万人で市制移行が可能だが、郡単位（数町村）でまとまって「市」を生み出そうというもの。福祉事務所がおかれ福祉施策の充実も期待される。

Ⅴは一〜二万人程度の類型。山間部の多いわが国の現状を考えると、町村という制度を活用したまま行政を続けた方が適切な地域も少なくない。中山間地域や離島がそれだ。今後の自立した行政単位という点では体力に欠けようが、役割を絞りこんだ上で小規模自治体としての継続を求めることも必要である。

iii 地域づくり重視

もう一つ、地域活性化を重視し、その視点から合併を構想しようというパターンがある。例えば佐賀県は①県際交流促進型、②地場産業集積型、③広域行政発展型、④県都機能集積型、⑤地域共有課題解決型の五類型を提案している。また新潟県は①行財政高度・効率型、②行政サービス向上型、③市制移行型、④中心都市拡大型、⑤政令都市・中核市移行型の五類型を提案している。

宮城県ではユニークな類型をしている。①中核都市創造型、②都市移行型、③ポテンシャル開花型、④連携進化型の四類型がそれだ。中核都市創造型は、県内の地域中心都市をイメージし人口二〇万規模の合併を求めている。都市移行型は、郡単位でまとまって「市」制への移行をイメージしており、ポテンシャル開花型は、市町村の有するポテンシャルを最大限引き出し共通の政策課題の解決をめざす。連携進化型は小規模自治体の連たんする状態を回避するため、より広域に合併することでスケールメリットの発揮をめざそうというものである。

5 望ましい合併とは何か

†合併の評価モデル

市町村合併のありようについて、筆者の考えたひとつの評価モデルを提示しておきたい。きわめて単純化すると、それは二つの軸から説明できよう。まず第一の軸は合併のしかたが「透明な合併」か「不透明な合併」かである。第二の軸は「よい合併」か、「わるい合併」かである。この二つの軸を組み合わせ、合併の評価モデルを作成した（図2－2）。

まず第一の軸だが、透明な合併というのは、先に述べた合併過程の透明性が高く、情報提供もよく行われ、住民の意見が反映され、多くの住民が納得する形で合併が行われてい

図2-2　合併の評価モデル

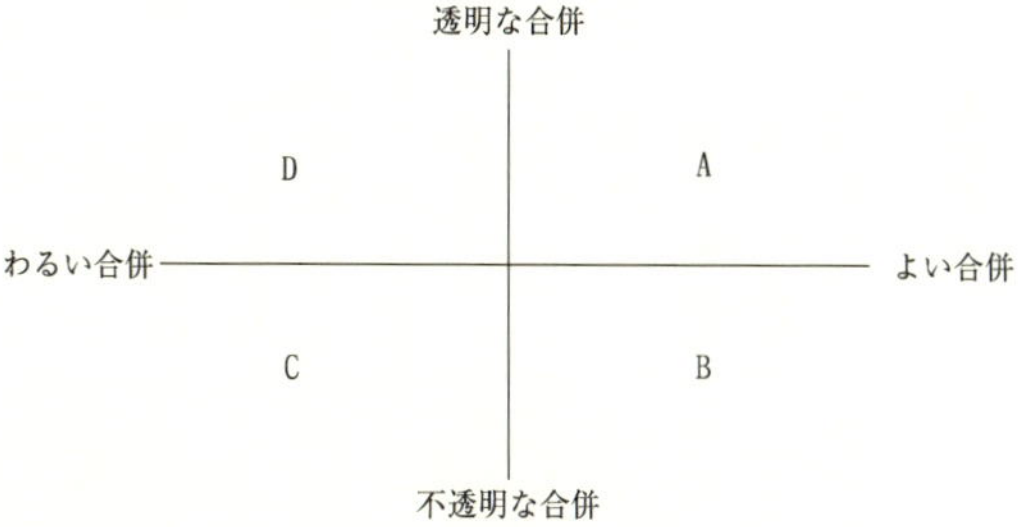

くタイプだ。ここでは民意を確認するための住民投票や意向調査などが行われ、地域の将来像について一定の合意が形成されていることが多い。ここでは合併後の首長の選出過程もオープンで、比較的スムーズに住民らの地域融合が進んでいく場合が多い。

一方、不透明な合併というのはこれとは逆で、合併過程の透明性は低く、情報提供は形だけで、議員や首長ら少数の地域有力者のみで合併が決められていくタイプである。いわゆる「上の方が決める」タイプで、当初から「合併ありき」で進む地域に多い。政府の財政支援を目当てにした合併などで住民らはカヤの外である。合併後も地域の進むべき方向が見えず、首長の選挙や議会議長の選出過程での政治談合がみられる。

第二の軸について、よい合併というのは、人員削減や財政削減の計画がつくられ、行政改革の指針が明確で、関係市町村相互のもつ良さを補う関係が明示されるなど、合併効果を十分表わす成果指標がシナリオとして明示されている合併タイプだ。ここでは合併過程でのリーダーシップも明確に存在し、単に相互が譲り合うとか牽制し合うというのではなく、オープンな議論の過程を経て将来構想がまとめられる。

他方、わるい合併というのは、ただ数市町村を大括りにまとめた形だけの合併で、いわゆる「水ぶくれ合併」のタイプである。そこには人員削減や財政削減の計画もなく、新市建設計画は既存の関係市町村の長期計画を寄せ集めたバラバラの計画でしかなく、地域の将来像などが明示されていない合併である。目立つのは政府の財政支援策を目一杯当て込んだ起債事業やハコモノ建設の予定が目白押し、という点だ。地元経済人や政治家が好んで使う言葉は「合併をテコに地域の活性化を図りたい」というものである。

市町村合併は目的ではなく手段である。そこで評価モデルがきわめて重要となる。上述の二つの軸を組み合わせると、図のA、B、C、Dの四事象ができる。Aは透明な合併であり、かつよい合併。Bは不透明な合併であり、かつよい合併。Cは不透明な合併であり、かつわるい合併。Dは透明な合併であり、かつわるい合併である。

†望ましい合併とは

すると、「望ましい合併」「望ましくない合併」という判定基準が明確となろう。

いうまでもなく、望ましい合併はAということになる。逆に望ましくない合併はCである。BとDはその中間。絶対辿ってはならない合併過程はCであり、Cの形で合併を進めるぐらいならやらない方がましかも知れない。住民の判断基準として、望むべき事象はAである。もし地元での合併が現在BとDにあるなら、合併過程自体の改革を住民自身が要求すべきである。不透明ならオープンとなるよう、わるいならリストラ計画をつくるようにと。

つまり、望ましい市町村合併とは合併のプロセスの透明性が高く参加度の高い合併であること、そして将来の地域ビジョンが明確で人員削減、財源の有効利用など中長期のリストラ計画がしっかり示されている合併ということになる。他方、望ましくない合併は、密室の合併協議により決定が行われ、かつビジョンもない水ぶくれのような合併ということになる。今後、各地の合併論議がAという事象に収斂していくことが望まれる。

第3章　市町村合併の制度設計

市町村合併は手段である。自主合併が原則だから、合併を進めるかどうかの判断は地域住民および自治体の判断に委ねられる。ここでかりに合併を進めるとした場合、しからば一体それは何の問題を解決するためなのかという理論構成が必要となろう。合併という手段を通じて何を解決し何を生み出すのか、その目標、目的とされるものは何か。本章ではそうした市町村合併の制度設計について考察してみよう。

1　市町村合併の設計

†合併に理論はあるか

ややもすると、手段が目的化し、「二〇〇五年（平成一七年）三月までに合併すれば目標達成」という意見がよく聞かれるが、それは逆さまの議論である。目的と手段を取り違え

図3-1　合併構想のステップ

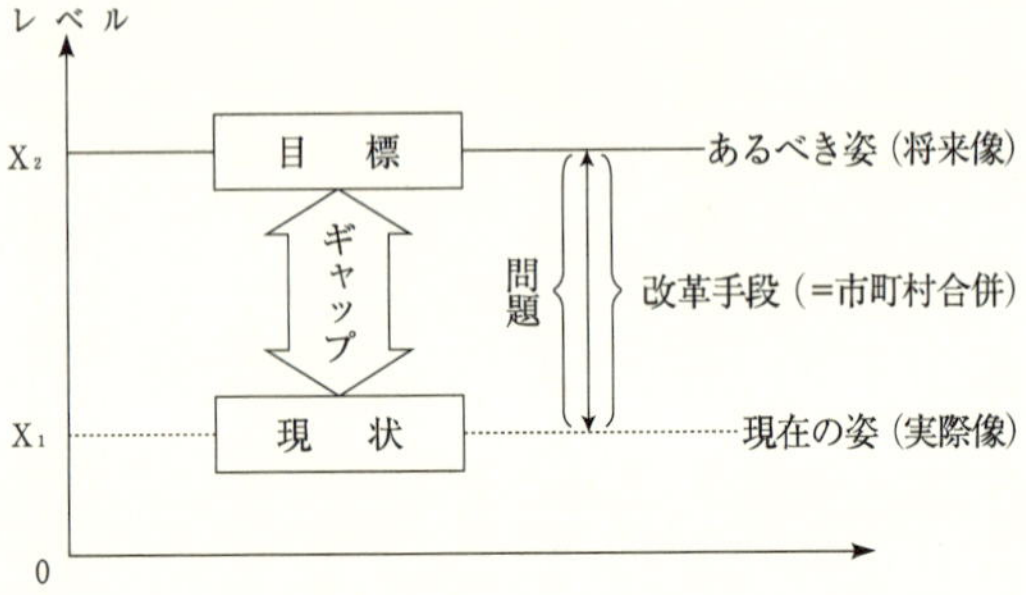

てしまったら本末転倒になってしまう。市町村合併にはコスト削減とか非効率な施設整備をなくそうという目先の目標だけでなく、究極には良きまちづくりを行うという目的がある。その良きまちとはどういうまちなのか、これをめぐるビジョンの共有がなければ合併は成功しない。目的と手段の混同を避ける意味で市町村合併の理論とでも言おうか、合併を一つの政策立案と捉えた考え方を示してみたい。

政策が必要だという場合もそうだが、改革をしようという場合も、そこに「問題がある」から政策や改革が必要なのである。市町村合併は地域の構造改革という意味では「改革」であるが、同時に地域づくりの有力な政策手段であるという意味では一種の「政策」でもある。改革と政策の二つの意味内容をもつところに市町村合併の特質がある。しからば市町村合併を必要とする、その問題とは何なのか。

図3－1に示したように、問題とは「目標」に対する「現状」とのギャップである。あるべき姿として描かれる将来像に対し、現状の姿、実際像がそれより低いところにある場合、ギャップが生ずる。このギャップをどのような方法で解決するのか、その最も有効な手段が合併だというなら市町村合併を選択すればよい。

かりに広域化に対応する場合、他の方法、例えば一部事務組合とか広域連合でこのギャップを解消できると判断するなら、無理をして合併にまで踏み込む必要はなかろう。それは地域住民の決めることである。もとより中長期的な視点から見た時、政治機能の一元化を伴う市町村合併でなければ地域づくりや自治体経営の展望を開くことがむずかしいと判断されるので、いま多くが合併を論議しているわけである。

理論的には、市町村合併は三つの作業過程から成り立っていると言えよう。まずあるべき姿である「目標の明確化」が市町村合併の第一ステップである。

数市町村がまとまった場合の地域の将来像なり自治体像なりを描く過程がこれである。新市建設計画がこれに当たろうが、ややもすると合併を決めてからこれを描くという、順番が逆の作業過程を歩む市町村がある。それではいけない。合併エリアに入る市町村にどのような長所があり短所があるか、それがまとまった場合どのような相互補完関係が生まれ、現状より、よりよい地域像を生み出すことが可能であるか。これらを総合してみて良い結果が生まれると想定されて初めてモノゴトは前に進む。

それは合併協議会を設定しようが研究会レベルに止まろうが、まず合併論議の最初にして最も基本的な作業過程でなければならない。これを経ないまま、やみくもに合併を進めると「目標のない合併」という批判を受けることになる。

第二のステップが現状の把握である。ただ、客観的に現在の姿、実際像の位置を明らかにすることはそう簡単ではない。全体像を他の地域と比較する必要もあるし、個別のサービスごとに現状を明らかにする必要もあろう。統計分析や計量化手法を用いての定量分析、さらにアンケート調査などを用いての定性分析によって客観的に現状を明らかにし公表することは不可欠の作業過程である。

†問題解決の設計

この二つの作業過程をへて、はじめて「目標」と「現状」とのギャップが浮き彫りになる。これが問題の所在である。この一群の問題を明示してこそ、住民の合併への関心も高まろう。そしてこの問題をどう解決していくか、その手段群を構想するのが合併過程における第三の作業過程である。その手段として「合併」という方法を用いることが問題解決において有効となって、初めて手段としての合併方法論に進むことができる。合併という方法を選択すると、より詳細な個別のサービスごとの中身や負担の在り方、負債の処理や職員給与の格差等の埋め方、公共施設の配置や将来方向など、改革手段としての合併の中身をつめていくことになる。

市町村合併は、このように目標の設定→現状の把握→(問題の所在に対する)合併手段の構築という、三つのステップからなる。このいずれのステップを省略しても合併はうまくいかない。目標の設定自体がなければ「理念なき合併」「目標なき合併」という形になってしまうし、合併手段の中身がなければ「問題解決なき合併」という結果に終わってしまう。説得力ある合併構想を進めるにはこの三ステップを必ず踏むよう求めたい。

2 市町村合併の過程

†合併に至るプロセス

ところで市町村合併はどのような過程からなるのだろうか。合併自体が地域の地方自治の大きな改革であるから、これを地方自治の合併を伴う改革過程と呼んでおこう。

改革過程は大きく分けて、改革案の形成(plan)→改革の実施(do)→改革後の評価

図3-2　市町村合併の過程

合併の流れ	①問題提起→	②合併立案→	③合併決定→	④合併実行→	⑤合併後評価
	↑	フィードバック			
主な内容	争点提起 課題整理 目標設定	複数案作成 最適案選択 合併原案作成	合意形成手続 合併協議会の決定 長、議会の決定	執行の具体化 執行手続・規則 進行管理	制度的評価 非制度的評価 修正・改善
担い手	政治全体 （市民＋政党＋議会＋長・職員機構）	合併協議会＋長・職員機構＋議会	合併協議会＋長＋議会＋県・国	長・職員機構	政治全体 （市民＋政党＋議会＋長・職員機構）

(see) からなる。もう少し細かく分けると、市町村合併の①問題提起（課題設定）にはじまり、②合併案の立案、③合併の決定、④合併の実行、⑤合併後の評価の五段階からなる。それをフローチャートとして表わしたのが図3-2である。各段階ごとに少し説明を加えておこう。

①問題提起

市町村合併を自治体として取り上げ改革課題として設定する段階がこれである。その要求のルートはさまざまであろう。それも、争点提起、課題整理、目標設定といったより細かな段階に分かれようが、この場面を担うのは政治全体ということになろう。

政治全体というと首長、議員といった政治家や政党のみに限定して考えられがちだが、そうではない。市民、商工会議所、青年会議所等の団体、あるいは国や県からの問題提起と幅広い主体が考えられる。世論調査や現地調査を通じて市民と自治体職員らのワークショップの一環として提起される場合もある。

実際、現在の合併をめぐる動きは、国や県の要請といった外圧的な要素の強いところもあれば、地域の運動を受けた自治体自身の内発的な要素の強いところもありさまざまである。きっかけはともかく市町村合併の議論はここからスタートする。

②合併立案

第二の段階として市民らの問題提起を受け、ここでは地域像の明確化、現状の分析、合併方策の検討が行われる。地域像をめぐる議論は多様な提案からなろうし、合併の枠組みはこの段階で固まってくるのが普通である。もちろん、①段階でどことどこが合併をすべきだという提案がなされる訳だが、その通り最後までいくとは限らない。例えば八市町村で二〇万都市をめざそうといってスタートしても具体的に話が詰まって行くと、離脱する自治体も出てくる。利害が複雑に絡むから損だといって離脱する場合もあるし、他の自治体からの誘いがあってそちらのエリアで合併交渉に入る場合もある。結果として五市町村で一〇万都市をめざそうという結論になるかもしれない。合併構想のエリアに含まれる市町村数が多ければ多いほどこの可能性は高く、行政上は特に有効性は薄いが人的な関係の濃い「郡」単位で独自の行動をとる動きが出てくる場合もある。二〇万構想から離脱し郡の三町村でまとまって五万市をめざそうという動きなどがそれだ。

ここでの作業はエリアの決定から合併構想の立案までだが、その担い手は任意の合併協議会から法定の協議会、議会連絡協議会、各議会の特別委員会、官民合同の研究会、経済団体等の企業連携組織等からなろう。もとより、正式な合併立案は法定協議会の役割となる。ただ、内部作業は首長を中心とする職員機構が実務を担う訳で、特に個別事務のすり合わせ段階に入ると合併エリア内の市町村職員全員が何らかの関わりをもつことになる。

③合併決定

文字通り、自治体として公式に合併を決定しオーソライズする場面がここである。合併の立案が終わると、合併の決定過程に移行する。これが第三段階である。ここは機関決定となるので、まず法定合併協議会での決定、それを受けての各市町村議会での合併議決、そして都道府県議会での決定、知事による国（総務大臣）への届け出、そして国による告示という合併決定の手続が踏まれる。

もとより、こうした機関決定のみで合併が決まることへの住民側からの反発もある。住民の意向確認がどこかの段階で行われる必要がある。いまの法的な仕組みの中では合併協議会の設置を住民発議で求めるといった①段階での関わりが想定されているが、地域によっては合併決定への「住民投票」を条例によって義務づける自治体も出てきている。市町村合併という地方自治の枠組みを大きく変える決定は、なるべく多くの住民の合意形成によることが望ましいことは言うまでもない。

④合併実行

合併が決まりいよいよ実行されていく過程がこれである。

合併の形態にはA市にB、C、D市町村を編入する「編入合併」と、A、B、C、D市町村をいったん同日で廃止し、翌日「新市」としてスタートする「新設合併」がある。合併実行の入り口での手続は違うが、合併のアクションプログラムに沿って合併の実行が行われていく点は同じだ。実施に関連する条例や規則、要綱が整備され、新市役所の建設などが始まり、新たな基準に基づく行政サービスの提供が始まる点も同じである。新設合併の場合、新たに市長選挙や議員選挙が行われる（議員任期の特例を用いる場合、最大二年間の任期延長は可能だが、首長にはその特例はない）。

合併実行の担い手は新自治体の首長を中心とする職員機構である。もちろん、その監視役は議会だし、必要な予算や条例、事業の決定は議会の役割だ。合併を具体化していく仕事が執行機関の役割であることは間違いない。

⑤合併後評価

合併後、はたして当初構想したような良きまちづくり、良き行政サービスが行われているかどうかを評価する場面がここだ。これについては、合併して一、二年後の短期に結果が出るものもあるが、まちづくりなど時間を掛けて結果が出てくる領域は一〇年後、二〇年後の評価に委ねざるを得ない。

現在、合併については制度的にも非制度的にも評価基準が存在してはいない。そこで筆者は第2章に独自の評価モデルを掲げた。

そこでのよい合併かわるい合併かというモノサシを用いるなら、リストラ計画もなく無原則とも思われる〝水ぶくれ合併〟をわるい合併と称している。合併後時間が経過しても行政組織の絞りこみも職員の削減もなく、公共施設は以前からの旧市町村順でのたらい回し整備で、政治的な紛争も後を絶たず、職員の融和現象も進まないのでは話になるまい。これでは細かな評価基準を設定するまでもなく、よい合併であったとは言えまい。

合併後どの程度地域が発展し成長していったかなどの経済的な評価基準、福祉や健康増進がどの程度合併により改善されたか、行政改革はどの程度進んだか、地域のイメージアップがどう図られたかなどが評価のポイントとなろう。いずれにせよ合併は成功であったかどうかの評価が合併後に行われなければならない。

3　合併を決める協議会

†合併協議会の運営

市町村合併の具体的な進行過程について、政府が合併協議会の運営を中心とするマニュアルを作成し、さまざまなポイントを述べている。表3－1にその一部を抜粋した。

ただ一つ、合併協議会設置から合併実現まで二二か月の短期間で合併が可能と述べている点が気にかかる。筆者からすると、合併協議会の設置までの時間がどれぐらいかかるか、ここがじつは現場の難しさである。実態と少しかけ離れたスピードを要求してはいないか。政府は最初から法定協議会を設置せよ、そこで合併の是非を議論せよと呼びかけている。それが設置されると二二か月で合併完了という訳だが現実はそう簡単ではない。

確かに合併の際、法律上要求される合併協議会（法定協）を「合併を前提」に設置せよとは言っていない。しかし、このマニュアルが呼びかけるように合併協議会の設置が先決

表3-1　合併協議会の運営ポイント

①まず法定協議会の設置が先決でありその中で合併の是非を議論すべきであること。住民を合併協議会の委員とし会議は原則公開とすべきこと。
②法定協議会においては、まず将来のまちの姿が住民に明らかになるよう市町村建設計画の策定から着手し、その案ができた後に、住民に説明の上、合併協定項目の協議に入る方法が適当である。
③合併協議会設置から合併実現までの期間の目安を22か月（合併協議準備2か月、市町村建設計画案策定6か月、合併協定項目協議8か月、合併準備作業6か月）として設定。
④合併協定の重要項目は、「基本4項目」として合併の方式・合併の期日・新市町村の名称・新市町村の事務所の位置であること、「時間を要する項目」として市町村議会議員等の任期等の取扱い、財産の取扱いであること。

資料：総務省「合併協議会の運営の手引」（2001年8月6日）の一部要約

だといっても、地域での世論はそうはいくまい。合併協議会が設置されるとあたかも「合併が決定」したかのような受け止め方がされるのが一般的だからだ。

合併の是か非かを中立的な立場で議論できる合併協議会の設置は言うほど簡単ではない。だから、各地では研究会や議会特別委員会、あるいは任意の協議会という前段階組織を設けて議論を深めているのだ。

現地の動きをみると、合併の研究会から法定協議会ができるまで二、三年を要するのが普通であり、そこで将来ビジョンやメリット、デメリットが議論される。それで前進の方向が見えたところで任意協議会、そして法定協議会へと進んでいく。

政府マニュアルでは市町村建設計画は半年

で作成可能となっているが、新市ができて以降の行政運営の基本指針となる建設計画を半年でつくるという拙速さが良い結果を生むかどうか。たとえば静岡・清水両市の合併協議では都市ビジョンの調査・策定を含め四年近くをかけている。どんなに小規模な合併でもこれに一年ぐらいは要しよう。

合併協議会設立前で二、三年、合併協議会設立後も二、三年はかかる。市町村の合併協議は前後を含め五年、六年の単位で考えるべき大仕事と言わなければならない。

†「身丈にあった」合併

一九五五年（昭和三〇年）前後に行われた昭和の大合併は、その後分裂した市町村が殆どないから成功であったという評価がある。確かにそれは間違いではないし、筆者もそう思う。しかしあまり科学性はない。問題が解決したかどうかの話は別だからだ。合併してからより過疎が進んだという話も聞かされる。それは合併が原因であったか、それとも都市化などの社会要因が原因であったのか。この評価は感情論だけではいけない。市町村合併を一つの大きな問題解決技法と捉えるなら、やはり問題解決がどの程度図られたかの評価はキチッと行われなければならない。

特にいま、市町村の規模は「大きければ良い」という風潮があり、十数市町村の合併案を追求する自治体も出ている。県の指導にもそうした動きが見られるが、地域圏において求められる適正規模がどの程度なのか、地域においてよく精査しなければならない。「大きければ良い」「政令市、中核市になることが目標」といったサイズ論だけで問題が解決するとは思えないからだ。事後評価だけでなく、事前のアセスメントも行われることが望ましい。数合わせの合併ではなく、地域の歴史や地理的条件、生活圏の広がり、住民の一体感などを踏まえた「身丈にあった合併」を追求することが必要ではなかろうか。

†合併協議・二つのルート

具体的な合併の形成過程について実際のフローに沿って説明してみよう(図3-3)。かりにA市とB市という二つの自治体が合併するとしよう。この二つの市が合併する場合、その出発点は現行制度からすると二つのルートがありうる。

①住民ルート

図にあるように、まず第一は住民からの働きかけによる場合である。A市とB市の住民の間で合併運動などが活発になり合併機運が盛り上がってきたとしよう。その際住民の取れる行動は、例えばA市の住民であれば有権者五〇分の一の署名を集めてA市の市長にB

図3-3　合併の手続き過程

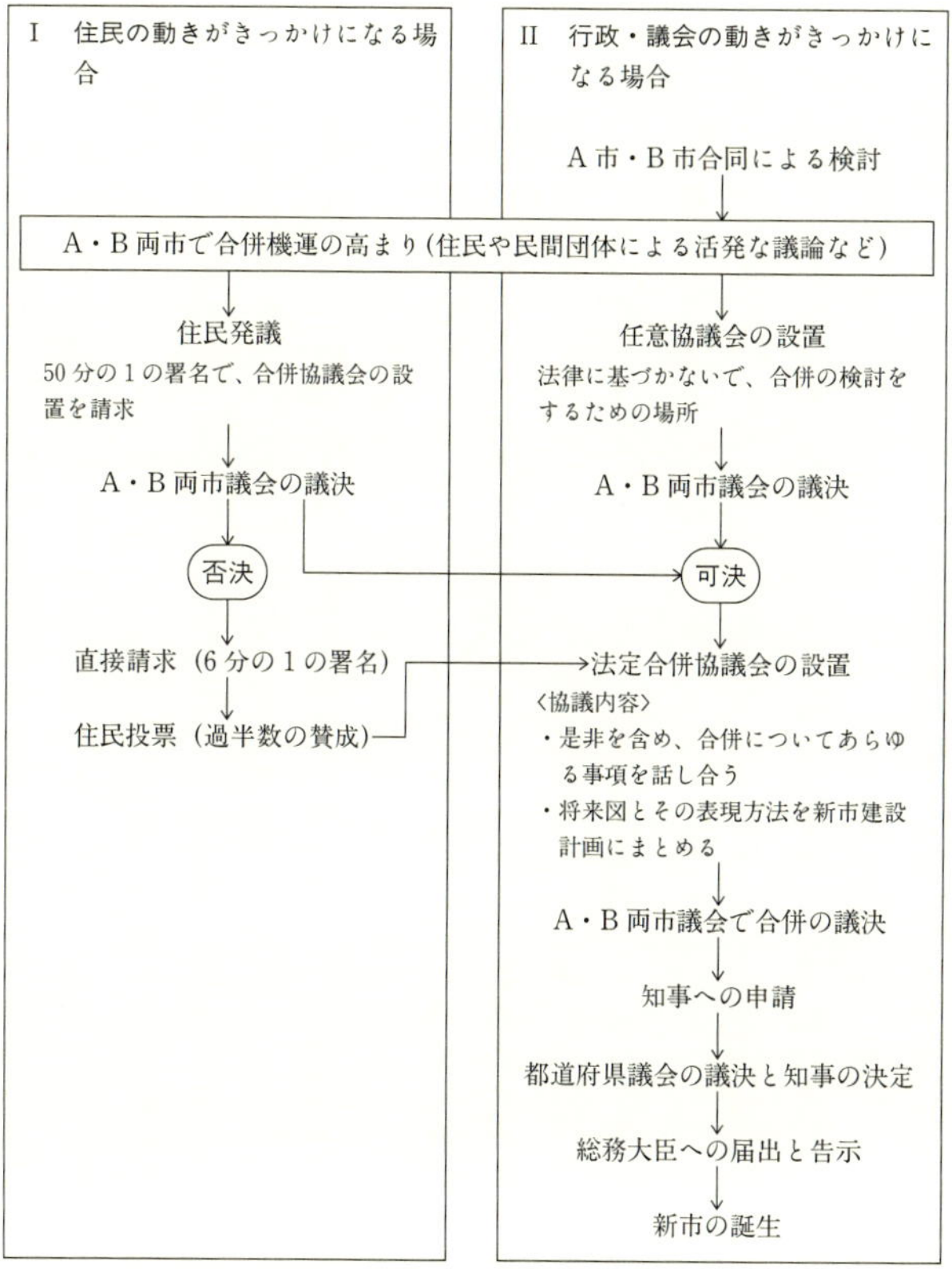
I　住民の動きがきっかけになる場合
II　行政・議会の動きがきっかけになる場合
A市・B市合同による検討
A・B両市で合併機運の高まり（住民や民間団体による活発な議論など）
住民発議
50分の1の署名で、合併協議会の設置を請求
A・B両市議会の議決
否決
直接請求（6分の1の署名）
住民投票（過半数の賛成）
任意協議会の設置
法律に基づかないで、合併の検討をするための場所
A・B両市議会の議決
可決
法定合併協議会の設置
〈協議内容〉
・是非を含め、合併についてあらゆる事項を話し合う
・将来図とその表現方法を新市建設計画にまとめる
A・B両市議会で合併の議決
知事への申請
都道府県議会の議決と知事の決定
総務大臣への届出と告示
新市の誕生

資料：東京都「東京の市町村合併」

市との合併を求める「住民発議」をおこすことである。

もとよりこれは合併自体を求める発議ではなく、A、B両市で合併協議の場である合併協議会を設置すべしという発議に止まる。合併自体を求めた発議制度を創設すべきであるという意見もあるが、議会等には直接住民の意思で合併が決まることへの懸念もあって反対論が多く制度化されていない。

それはともかく、この発議を受けた市長はA市の議会に諮った上、議会が「設置に賛成」であればB市に合併協議会を設置すべき旨の申し入れを行うことになる。B市側は受身のように見えるが、B市側でもA市との合併協議を求める住民発議があることが望ましい。もちろんそれがなくとも、B市議会はA市の申し入れを審議することになる。

実際にはこの段階で住民の申し入れを拒む決定、つまり合併協議会の設置を否決する決定が行われることが少なくない。これまでをみると、データ的にも住民発議で合併協議会が設置された数より設置されなかった数の方が圧倒的に多い。

これでは住民より議会が強いことになり、民意が生かされない可能性が高いので今回の法改正で図のように有権者六分の一以上の署名を集め、住民が直接請求権を行使して市当局に法定合併協議会の設置を求めることができるようにした。これを受け市当局はそれを案として住民投票にかけ過半数の支持を得たなら協議会を必ず設置しなければならない。

これにより、首長や議会の思惑から合併協議の場が閉ざされることを防止している。

②政治家ルート

もう一つのルートは、首長や議会からの働きかけで合併協議が始まる場合である。この場合、住民に足場がないかといえば必ずしもそうではない。市長選挙や議員選挙を通じて公約として市町村合併を掲げ、それを受けて行政や議会が合併を行おうとする場合が多い。唐突に合併を持ち出した場合、次の選挙で落選する可能性があるからである。

もとより行政といった場合、その責任者は首長だが見えざる仕掛け人として県や国を挙げることもできよう。自主合併といいながら、現在の動きには交付金カットをちらつかせながら国が合併を迫るという構図も見え隠れする。数からすると、そうした国や県からの働きかけが動機となって合併提案をする自治体が多いかもしれない。

動機はともかく、行政や議会の提案を受けて、A市・B市合同による検討が始まる。最初は研究会や合同の啓発シンポジウムの開催が多いが、ある段階から法律に基づかない任意の合併協議会が設置され、一、二年後合併協議のお膳立てができたところで両市議会で法定の合併協議会を設置する旨の議決を行う。

その可決を受けて法定の合併協議会がおかれ、新市建設計画や事務事業のすり合わせが行われることになる。ここまで進むと合併への道筋がほぼはっきりしてくる。ただ、この法定協議会は合併を決める協議機関ではあるが、この設置をもって必ず合併しなければならない訳ではない。その点に留意する必要がある。合併すべきかどうかを協議する機関だから、協議の結果、合併を「非」とする決定もありうるということだ。そうした実例もいくつかでている。

法定の協議会で合併を「是」とする決定をみたら、A、B両市は合併の議決をし、両市の意思を当該府県の知事に伝え、それを受けて知事は府県議会に合併の可否を求める提案をすることになる。いまの制度からすると、市町村合併を認めるかどうかは県議会の権限になっている。ただ、手続きとしては社会的に合併をオーソライズするため、県議会の決定を受けて知事は総務大臣にその届け出をし、国の告示を待たなければならない。この段階までいくと合併がダメになることはまずなかろう。

一種の形式行為に止まるが、国は財政状況の適否、飛び地の合併を認めるかどうか、新市の名称が適切かどうかなどをチェックすることになる。途中経過について逐一国と相談し指導を受けているのは最後に問題が生まれる事を防ぐためである。国と連携するのは、合併後に特例債の発行許可や地方交付税の優遇措置を受ける関係があり、それらを無視した合併過程はありえないからである。

ともかく、こうして地元市、県、国が関わって一つの「新市」が誕生する訳である。

4　合併の方式と特例措置

†市町村合併の方式

市町村合併の方式は二種類ある。図3―4にみるように一つは新設合併であり、もう一つは編入合併である。

①新設合併

新設合併は二つ以上の市町村が一緒になって新しい市や町をつくる合併である。俗に対等合併とか合体合併といわれる。大きな市と隣接数町村が合併する場合でも編入合併より新設合併を好む傾向にあるが、その際よく対等合併ということを口にする行政関係者が多い。何が対等かは明確でないが、新たな市を生み出すために旧市町村を同時にいったん廃止し、対等の立場で新たに市を立ち上げることからそうした言葉が使われている。図の例ではA市とB市が合体してC市が生まれている。これが新設合併である。

図3-4　市町村合併の形態

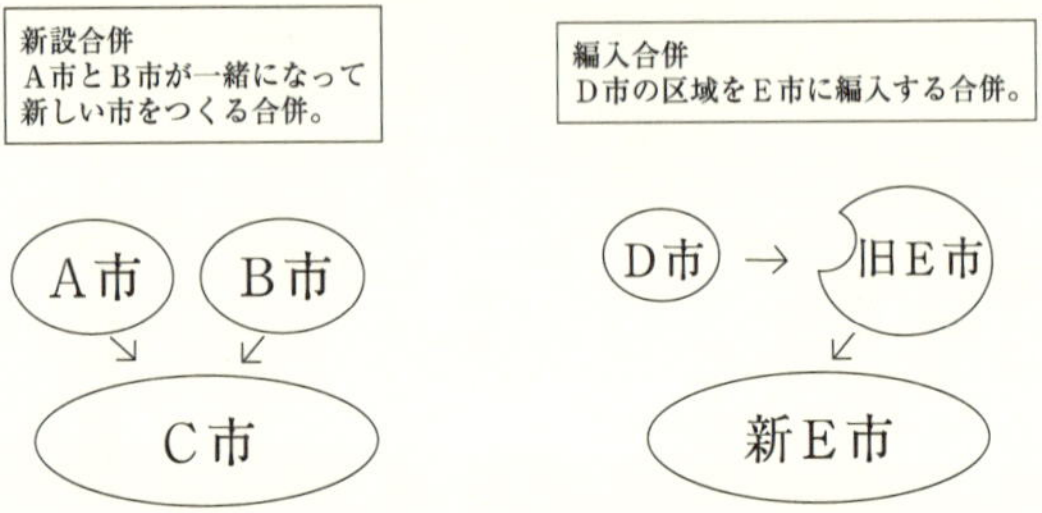
新設合併
A市とB市が一緒になって
新しい市をつくる合併。
A市
B市
C市
編入合併
D市の区域をE市に編入する合併。
D市
旧E市
新E市

新設合併の場合、市民生活に最も関係が深いのが新市の名称であろう。新設だから新規の名称を用いなければならないかというと必ずしもそうではない。一九九一年（平成三年）四月に合併した岩手県北上市、和賀町、江釣子村はその区域をもって新しい市を創設する新設合併であったが、新市の名称は「北上市」を選択している。最近の静岡、清水両市の合併決定でも「静岡市」を選択している。

それに対し、二〇〇一年（平成一三年）五月に合併した埼玉県の浦和、大宮、与野三市の新設合併は新市の名称を第三の「さいたま市」とつけている。旧市の名称を用いるか、新たな名称を用いるかについて特に決まりはなく、住民の選択に委ねられている。編入合併の場合、新名称の選択はなく編入する側の市の名称を用いることになる。ただし、町村が編入合併により新たに市に生まれかわる場合は、編入合併でも新たな名称をつけることになる。

②編入合併

もう一つが編入合併である。定義上はある市町村の区域の全部または一部を、他の市町村に編入する合併のことを指す。わが国の場合、原則として一部区域の編入は認めていないから、図のようにE市にD市をまるごと編入する形態が取られる。合併で旧E市は面積も人口も増え、新E市として新たなスタートとなる訳だが、手続上D市は廃止されるがE市はそのまま存続することになる。だから編入合併なのである。原則として旧D市のさまざまな基準は名称を含めこれまで存在してきたE市のそれに合わせることになる。

こうしたことから吸収合併だという言葉も生まれる。しかし、「吸収」という言葉からくるイメージは大が小を飲み込む、破綻したから買い取られるといった企業の吸収合併色が強く、マイナスに受け取られやすい。こうしたことから編入合併を避けようという住民感情も生まれやすい。

ただ、新設合併でも編入合併でも合併後には大きな違いはあまりなかろう。もとより、合併形態によって合意形成の過程が違うことから行政サービスの水準や使用料・手数料の負担水準、公共施設の利用時間、あるいは職員給与等に微妙な差がでることは否めない。

いずれを選ぶかは首長、議員にとっては深刻かもしれない。新設合併の場合、新たな市長選挙が行われるが、編入合併の場合、編入する側の首長は残り、編入される側は辞職を余儀なくされる。議員の場合、いずれの形態でも議員定数が減るのが一般的だ。

とはいえ、中長期的には新設合併、編入合併ということからくる大きな差はない。編入合併の方が合併協議のスピードが速く、ブランドとして定着している市の名称を使えるメリットの方が大きいとし、編入合併の方式を選択する自治体もある。過度にマイナスイメージが強調される「吸収合併」という言葉は一般に誤解を招きやすいので使うべきではない。特に住民に正しい判断を求めようとする住民投票などで、自治体自身がそうした表現を意図的に用いることは公平な判断を歪めることとなってしまう。

†合併への特例措置

市町村合併のタイムリミットとされている二〇〇五年（平成一七年）三月は、時限立法である市町村合併特例法の期限切れを指している。ここまでに合併しなければならない理由は何もないが（罰則がある訳でもない）、その特例法に盛られた政府の合併推進措置、とりわけ財政上の優遇措置に着目して合併の恩典を受けようとして議論が始まる。

いつ合併してもよい、それは自由であるといっても、時限の設定があった方が合併を進めやすいことは確かだ。なかなか進まない市町村の再編を加速しようとして設定した政府の期限だが、自治体側でそれに従うならそれはそれで大きな選択肢となる。

否、実態はもっと厳しいものがある。小規模市町村や過疎地を優遇してきたこれまでの地方交付税の段階補正措置が徐々に廃止され、五万人以下の市町村を特に優遇するという話は消えつつある。これを兵糧攻めと捉えるならそうとも受け止め得る。交付税の削減は兵糧攻めではなく、国の交付金財源の逼迫と利用目的への批判をかわそうとする点にあると思うが、財政的に自立可能性の乏しい市町村にとって交付税削減は死活問題だ。

逆に合併特例措置を受けることでさまざまな事業展開が可能となる優遇措置は追い風と映る。優遇措置は特に要らないと「合併をしない宣言」をした町村もある（人口七〇〇〇人の町、福島県矢祭町は二〇〇一年一〇月「合併をしない宣言」をして有名になった。合併して特例債を起こすメリットは少ない、昭和の大合併時の混乱が今も尾を引く、などが理由だった）。しかし、多くは優遇措置を当て込んで合併の方向へ傾いてきている。

では、どんな優遇措置が採られているのか、既述した点も含め主な点を整理してみよう。

この法律（市町村合併特例法）は、市町村行政の広域化の要請に対処するため、自主的な市町村の合併を推進し、合併市町村の建設に資することを目的としている。

特例①――市となるべき要件の特例：二〇〇四年（平成一六年）三月までに合併する場合に限り、人口三万人以上の要件を満たすなら市となることができる（通常時は五万人以上）。また平成一六年四月から一七年三月までに行われる合併に限り、人口四万人以上で市になることができる。平成一七年三月までに行われる新設合併については、市制施行の要件のいずれかを備えていなくとも、備えていると見なすとしている。

特例②――地方税の不均一課税：合併から三年間に限り不均一の課税を認める。

特例③――地方交付税の特例：合併から一〇年間は合併時の市町村の交付税合算額を保障し、その後五年間段階的に増加額を縮減するというもの（図3-5）。現行では小規模町村や過疎地の自治体が合併し一定規模以上の市になると、交付税額が縮減され、財政上デメリットになるという批判に応えたものである。

過疎地域の市町村を含む合併があった場合には、合併市町村が過疎地域に該当しない場合であっても、合併市町村のうち旧過疎地域のみを過疎地域と見なして、過疎法上の措置を全て適用するとしている。

また、コンピュータシステムの統一など行政の一体化に必要な経費も普通交付税で措置するとしている。

特例④――地方債の特例：合併後新たに必要な公共施設等（市役所建設等）の整備事業

図3-5　地方交付税の合併特例

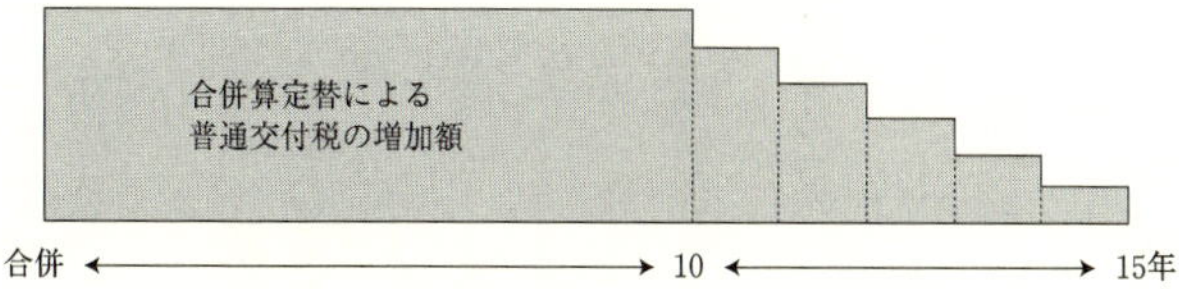

については九五％の充当率で起債発行を認め、その元利償還金の七〇％は交付税で措置する（つまり国が借金の支払いを肩代わりする）。

特例⑤――合併市町村補助金：期限までに合併した市町村を対象にモデル事業を行う場合、二〇〇〇万円から一億円の範囲内で三年間に限り補助金が交付される。

以上は財政上の特例措置だが、それ以外にもいくつかの特例が認められている。

特例⑥――議員の定数・在任特例：合併による議席の変動について緩和措置を講じている。

（一）新設合併の場合

ａ　定数特例の選択：一期目に限り新市の議員定数を本来の二倍まで増やせる。

ｂ　在任特例の選択：合併前の議員は二年間を限度に任期延長が可能である。

（二）編入合併の場合

ａ　定数特例の選択：増員選挙および次の一般選挙による議員の

任期まで定数増が可能。

b　在任特例の選択：編入先の議員の任期まで在任が可能。また次の一般選挙による議員の任期まで定数増が可能。

特例⑦――議員退職年金の特例：合併がなければ退職年金の在職要件（在職一二年以上）を満たすはずであった者は、合併により在職期間が短縮されても年金を支給する。

また、関係する都道府県の議会議員の選挙区についても、一定期間に限り、従前の選挙区によるか、または合併市町村が従前に属していた郡市の区域を合わせて一選挙区を設けることができるとしている。

その他、農業委員会委員の任期の特例や、一般職の職員の身分についても合併を契機とする退職勧告等がないよう、身分の継続と公正な扱いを求めている。

†財政支援の一例

読者は、政府のこんな計らいを見たことがあろうか。ある地域にAという公共施設を建てると補助金がいくら付くとか、一キロメートルの道路建設に起債発行をいくらまで認めるとかについて、コンピュータ画面上から自分で計算できるという計らいを。おそらく政府がこうした財政支援の計算を住民でもできるようにした例はないのではないか。

ところが市町村合併ではそれがあるのである。総務省の市町村合併のホームページを開き、そこで合併しようとする市町村名を入れると、政府はいくらの財政支援措置をしてくれるかを瞬時に計算してくれるのだ。透明性の高い新方式といえば言えるが、逆にここまでしても合併を進めたいのかという意図が見え隠れしてならない。

それに沿って筆者も試してみた。その一例をここに掲載しておこう。かりにM市、T町、N村の三市町村合併をモデルにしよう。表3－2のように、M市は人口規模で約五・五万人だが、これに周辺町村が合併し六・三万人程度の新市になったとしよう。これぐらいの合併で政府はどの程度の合併支援をするのか。M市は二〇〇二年（平成一四年）度で一般会計約二〇〇億円、特別会計を合わせ約三八〇億円の財政規模だが、これが合併すると、合併特例債という起債の発行が大幅に認められる。合併後のまちづくり建設事業の九五％は借金で行うことが認められ（約一六〇億円）、基金造成のための借金も約一八億円が認められる。そのうちの七〇％に当たる約一二五億円は政府が後年度交付金で肩代わりして払ってくれるというものである。

もう一つ、コンピュータ等の統一に要する合併直後の臨時的経費分として約五億円が交付金として支給される。当該地域は合併することで、自己の借金も約三〇億円は増えるが、しかし政府からその四倍以上に当たる約一三〇億円が基盤整備等の経費として交付される

表 3-2　合併特例債等の試算例

合併関係市町村名	人口
M 市	54,638
T 町	4,800
N 村	3,785
合計（人）	63,223

1　合併特例債　**約 188.1 億円**（事業費ベース。標準全体事業費と標準基金規模の上限の計）
(1)　合併後の市町村のまちづくりのための建設事業に対する財政措置
　1　標準全体事業費　　**約 168.6 億円**（合併から 10 か年度間の事業の合算額）
　2　起債可能額　　　　**約 160.2 億円**（標準全体事業費の 95％）
　3　普通交付税算入額　**約 112.1 億円**（起債可能額の 70％）
(2)　合併の市町村振興のための基金造成に対する財政措置
　標準基金規模の上限　**約 19.5 億円**（この 95％ に合併特例債充当可。その 70％ を交付税算入）
2　合併直後の臨時的経費にかかる財政措置
　5.2 億円（5 年間合計額：通常の普通交付税に上乗せ）

ことになる。

さらにこの表にはないが、三市町村の現時点での地方交付税が今後一〇年間は満額保障され、その後五年間は徐々に減らされるとしても一五年間は保護措置を受ける。ちなみにM市の交付税交付金は現在、一般会計の三三％に当たる約六〇億円であるから、残る二町村を合計すると八〇億円近い交付金が一〇年間は確実に確保できる計算になる。

起債支援と交付金の保障、この二つの財政支援により合併が促進され地域整備が行われることになる。これにより地域経済が潤うからこれを「合併特需」と呼ぶ見方もある。

こうした特例措置をどう評価すればよいか。市町村自身にとっては財政面では合併すると裕福な状況が生まれる。しかし、国が交付金を出すといっても、その負担は国民全体で負うことになる。税収が増えない中でこのような措置を約束することは、今後国家全体の借金が増えつづけることを意味する。しかも、合併特例による臨時収入が市町村の財政規律をゆがめモラルハザード（倫理欠如による財政錯覚）を促進しないか。放漫財政への引き金とならないかが心配である。

†財政支援のジレンマ

ミクロな単位でみるとプラスでも、マクロな単位でみるとマイナスという、まさに「合成の誤謬」が市町村合併推進策と国家財政全体との中に起きている。これでよいかどうか。細かな議論は別として、骨太の方針として見えてくるのが、政府はカネがかかろうが市の体裁を整えていなかろうが、なりふり構わず、地元議会の反対を緩和する措置を講ずることで財政支援により市町村合併を進めようという姿勢が鮮明なことである。

国家の財政危機が深刻であるにもかかわらず、補助金行政や交付税措置への批判が強いにもかかわらず、そうした点はまず棚にあげ期限を切って「アメ」をテコに合併推進を図るという姿勢に、一般国民はどう対応すればよいのか。

筆者は何らかの優遇措置はあってしかるべきだと考える。しかし、ここまでしなければ自治体が動かないという、自治体側の姿勢も問題視したい。財政上有利だから合併するのでは、従来の誘導型補助金政策への加担と何ら変わらない。補助金をもらわなければ何もしないという、補助金行政に蝕まれた自治体体質があるとしたら、今後の分権時代は前途多難と言わなければならない。

逆に国もほんとうに財政上の長期展望をもった上でこうした一五年間もの交付税交付金の優遇措置を講ずる方途に出ているのか。それで国家の財政規律を保てると言えるのか。膨大な債務残高を抱え、かつ経済の先行き見通しのないなかで、ほんとうに一五年間も交付金を支払い続ける保障はあるのか。ある段階で交付税のペイオフ措置がないとは言えない。かつて昭和の大合併において、五三年(昭和二八年)の町村合併促進法にも地方財政平衡交付金の算定上の特例期間や起債の優遇などの財政支援策が明記されていた。同法が施行されていた三年間に、一万近くあった市町村は四割に削減された。しかし最も合併が推進された五四年(昭和二九年)に地方交付税の改革があり、交付金カットと同時に財政支援も半減された。政府への期待を膨ませた合併町村の多くは、かえって財政危機が深刻化し、そのツケは住民に転嫁された。その歴史の教訓は重い。

このように市町村合併が政策目標であるかのように湯水の如くカネを注ぎ込む体質は問

題である。二〇〇五年（平成一七年）三月以降は何の特例措置も講じないという、一種の脅しとも思える合併推進策では、地域住民の正常な判断を求められないのではないか。

もう少し時間が要る。現場で観察している筆者からすると、少なくとも合併の機運醸成から合併成就まで五、六年を要している。せっかく各地で醸成されてきた合併機運である。必要なら二〇一〇年まで法律期限の延長をしてもよいのではないか。ただその時、今のような強い優遇措置である必要はない。

カネ目当ての合併推進ムードが醸成されていくことに危惧を感ずる。合併はあくまでも手段である。どのような地域像、行政像をめざすのか、百年の大計とまでは言わないが、歴史的にみて五〇年の大計をもたない合併では不安だ。もう少し住民レベルで議論する時間が必要ではないか。オープンな議論を避けたまま、政治と行政のみの関係者で合併協議が進む自治体は少なくないが、自治体が市民を統治するガバメント（統治）の時代ならともかく、いまや市民も企業もNPOも自治体とパートナーを組んで公共領域をマネージメントするガバナンス（協治）の時代である。

合意形成のために時間とカネが必要ならそこへ大いに助成する姿勢はあってよい。ただ、マスコミ等が報じるようにやみくもに合併が成立した「数」だけを成果として数え上げるようなら、その姿勢には感心しない。

他方、地方分権が始まったにもかかわらず、合併機運を「嵐」と捉え、「嵐が過ぎ去る」のをじっと待つといった無責任な自治体の姿勢、無関心を装う住民の姿勢にも感心しない。自らの地方自治の姿は自ら決めていく、そうした自律と責任の姿勢が強く求められる。

5　合併中心市の役割

†出すぎてもダメ・出なくてもダメ

合併しようとする市町村エリアに中心市と思われるところがある。その中心市は一体どんな役割を果たすことが望ましいのだろうか。ここでいう中心市とは経済圏、生活圏、医療圏、通学圏のどれをとっても中心的な施設が集積し中心的な役割を担っている市を指す。県庁所在地とか地域の中核的な市がこれに当たろう。

もちろんこれは規模の大きい自治体だけを指す訳ではないが、ともかくそのような比較的影響力の大きい市が存在する地域での合併は、同規模の自治体同士が合併しようとする地域とは少し違う悩みをもっている。というのも、対等の立場での合併を望む地域において中心市が強いリーダーシップを発揮すると、周辺市町村から吸収合併だという批判が高まるからだ。かといって、何のリーダーシップも発揮しないと中心市は何をしているのかと叱られる。筆者のもとにはこうした中心市の悩みがいくつか届いている。

そこで筆者なりに合併についての中心市のあり方について整理してみた。

†合併前の役割

①まず関係市町村の住民交流を促進する事業を立ち上げる。その運営は自治体規模の大小に関わらず一自治体一票の原則で発言力を公平に保つこと。そうした過程の中で、中心市が議長役となって新しい都市ビジョンを作成し提示したらどうか（なぜ合併が必要か、その範囲を示す根拠となる都市ビジョンを作成する役割が期待される）。

②政治家の呼吸を整える役割（多くの場合、周辺は中心市に対し吸収合併されるイメージを潜在的に持つ。これを払拭するための協働事業を常に連携して行う必要があるのではないか。合併シンポジウムの企画運営は議会の共催で行ったらどうか）。

③事前に職員意識の一体化を計っていくため、合併エリアの職員の相互乗り入れを行う「広域人事交流制度」を中心市の音頭で始めたらどうか（中心市は多く受け入れる）。

④中心市は合併の協議会を立ち上げる際のリーダー役をはたすこと（その際、合併協議会の設置は「初めに合併ありき」でないことを明記すべきである）。

⑤中心市は財政面で他の自治体の負債を負う覚悟が必要である（これには当該住民の合意を取り付ける努力が不可欠だ）。

†合併過程での役割

⑥中心市の市長は合併協議会の会長職を担い、常にリーダーシップを発揮すべきではないか（ただし、形はともかく吸収合併ではなく名実は対等合併である旨の視点で運営すること）。
⑦財政内容、政策内容、職員実態などの情報公開を早めに行い、それに関する一覧性の資料を住民に提示すること（その際、合併することで何が改善できるかを示すこと）。
⑧議会議員の交流・親睦も大切で中心市の議員はホスト役を務める姿勢が必要である。
⑨事務事業のすり合わせ作業が一〇〇〇項目以上に及ぶ。早めに事務ベースの研究会を中心市に設置し、一週間に一度くらいのペースで作業を始めたらどうか。その際、小規模自治体の運営でも優れたものは生かす姿勢が大事である。すべてを中心市のモノサシに合わせなければダメという流れにしてしまうと、合併自体が破算となる可能性がある。
⑩大まかな市役所の位置、市の名称、幹部組織の配置、また八市町村の合併なら複数副市長制を数年続けるなどの合併後の自治体運営の青写真を早めに描き提示すること。

†合併後の役割

⑪周辺部に当たる旧市町村はその地域が寂れることを常に心配する。放置するとそうなる。そこで新市建設後の運営は周辺部に重点投資をするぐらいの配慮が必要である。

⑫市長選挙、議員選挙も自己抑制的な態度が必要ではないか。中心市による政治ポストの独占、執行機関の幹部ポストのすべての独占では吸収合併のイメージになってしまう。

これらの話は何も中心市に限定されるものではない。類似規模のいわゆる「似たもの同士」の自治体合併でも幹事役を期待される自治体は必ず存在する。その幹事役の自治体が果たす役割は中心市のそれと同じである。もし違いがあるとすれば、財政負担について重い覚悟をする必要はないということぐらいではなかろうか。

第4章　合併に伴う期待と不安

市町村合併に何を期待し何を不安と感じているか。これを多角的に取り上げてみようというのが本章である。「合併は行政サービスを低下させず、行政コストを削減できる最良の行政改革である」とされるが、本当にそうか。

一般に企業でも大学でも合併という場合、多くはプラスの効果を望んで合併する。しかし市町村合併の場合、組織の合併にとどまらず住民の生活までが関わることから議論が複雑化する。行政改革というレベルだけで議論できないのが市町村合併の難しさである。しかも、合併に伴う役所組織にとってのメリットが住民にとってはデメリットであったり、住民にとってメリットだと思われることが役所組織にとってデメリットとなる場合さえある。また一般に合併のメリットとして示されている点もやり方次第ではデメリットになるし、デメリットだと言われているものもやり方次第ではメリットになるのである。

市町村合併に伴うメリット、デメリットについては絶対化ではなく、相対化して捉えようというのが筆者の見方である。メリットを生み出そうとする「志」（改革意思）をもって合併後の運営が行われてこそ合併効果が生まれる。合併したから直ちにメリットが生まれるというものではない。

誤解を恐れずに言うと、市町村合併に短期の効果を期待することはむずかしい。同時に合併後の中長期に及ぶ設計図をもたずしてよい合併となる保障はない。合併後直ちにメリットと考えられるのは国の財政支援だけかもしれない。合併特例債が地域に合併特需をもたらすかも知れないからだ。しかしその三割は地元負担として残る。地方交付税の優遇措置を当て込んでもそれはせいぜい一〇年程度の話である。その措置が終了した後どうなるか。カネ目当ての合併では自立した自治体づくりに資するとは考えにくいのである。

市町村合併は起債措置の優遇とか議員の任期延長といった短期効果をねらいに行われるものではない。もっと中長期な視点と戦略を必要とする話である。

合併ラッシュだから「バスに乗り遅れるな」と焦るのではなく、自分たちの将来構想をしっかり固め確実なメリットを手に入れる道筋を示した上で住民との合意を形成したい。

1 合併の効果をみる視点

†メリットは時にデメリット

例えば、合併により公共サービスの充実や総合化が図られることが期待され、これはメリットと考えられる。しかし運営次第では必ずしもメリットにならない。旧市町村間の相互牽制が強く、旧A市の次は旧B町、そして旧C村といったような、施設整備のたらい回し現象が起こるなら、それはサービスの総合化でもなければ効率化でもない。合併後、相互に協治意識が生まれ、互いに融合することで合併のメリットを生み出そうとするからメリットになる訳で、そうでなければデメリットとすらなってしまう。

この点は、企業の合併で言われるような規模の拡大が直ちにスケールメリットを生み、市場競争力の強化につながるという話とは同列に論じにくい。

逆にデメリットとされる事項も、マイナスに作用する可能性のある不安を述べているわけで、通常のやり方ではデメリットになるかもしれないが、運営次第ではメリットに転ずる可能性もある。例えば、合併するとその地域の議員数が減る。半減ないし三分の一になってしまう。しかし、これまでのように議員の数が多い方が政治的代表機能はうまく機能し、少なくなると必ずその機能は低下すると言えるのか。

議席数が減ればこれまでと違う選挙地盤を持たないと当選できない。選出母体となる地域が広がることで獲得票数も増やさなければならない。選挙の厳しさ、当選後の議会活動の闊達さがプラスに作用しないだろうか。厳しい選挙により、以前にも増して選りすぐった人材が選ばれ彼らは重い責任意識の上により熱心に政治活動を行うのではないか。議員の少数精鋭化がデメリットだ、という結論は出しにくい。議員数が減ることで政治に競争が生まれ、地域の政策論争が活発になるならそれはメリットではないか。

もう一例。複数の自治体が一緒になると組織内が混乱し行政が停滞する可能性が高く、デメリットだと言われる。しかし、仕事の仕方や体験の異なる職員が机を並べることで職員間に競争意識が生まれ、互いが切磋琢磨するなら、それはメリットに転ずる。異業種交流が新たな価値を生み出すのと同じで、異自治体が合併したから組織が混乱するとは一概に言えない。むしろこれは新首長のリーダーシップにかかる部分が大きい。

といった具合に、あたかもメリット、デメリットが固定的な形で存在するかのような議論があるが、それは生産的ではないし正しくない。メリット、デメリットを絶対化ではなく、相対化して捉えることで初めて合併に伴う自治体運営、地域のあり方を正面からみることができる。

†合併は結婚と同じ?

市町村合併は結婚のようなものである。よって見合いにせよ恋愛にせよ、そこに一体感を生み出そうとする「協治の意思」が強く働くものでなければならない。市町村合併を人間の結婚に喩えるのは不謹慎だと言われそうだが、イヤなもの同士がいっしょになってもうまくいかない。この点は結婚と同じだ。市町村合併も、将来の夢を語り合い、相互に持ち味を確認し、相性が合うことを事前に確認し合うといった合意形成は極めて大事である。政府の推進策に期限があるからといって、それのみを念頭に合意形成を十分見ないまま合併にこぎつけても結果は保証の限りでない。自主合併には熟度の見極めが大事である。

もう一つ、第三者が結びつける役回りを演ずる点は、見合い結婚ともよく似ている。各都道府県が示した合併パターン(組み合わせ)は見合いの相手を県という第三者が示しているとも読める。余計なおせっかいだと反発が出るのも判る。それなら無視すればよい。しかし、世の中には世話好きな人もいるものだと考えたらどうか。昔は圧倒的に見合い結婚が多かった。その仲を取り持つ世話役、仲人役が地域にもよくいた。いまはカネを払って結婚相談所で探す有様だが、ともかくその相談所の役回りも仲人役であることには違いない。

†県は仲人役

県が仲人役を本気でやるなら、双方の言い分をよく聞き、利害調整の役回りを引き受けるなど必要な支援を惜しんではならない。全国の都道府県では自県内の市町村再編のガイドラインを作成し市町村に合併を求めている。国の意思を受けて県が地元市町村の合併誘導を図るという構図にある。ただ、自主合併である以上、県はあくまでも仲人役に止まる。どうせやるなら感謝される仲人役に徹したい。それが県の役割ではないか。

ただ、結婚と違う点は相手が複数以上にわたることが多い点だ。それぞれに温度差が異なる場合が多く、足並みを揃えるのが大変だ。その際、ある自治体には少し無理を願う場合もあろう。相互によく話し合い合意を生み出してこそ、自主合併なのだ。相思相愛型の合併、これがいま求められる自主合併である。

ともかく市町村合併は、住民の地方自治の活動範囲を大きく変えるものであり、自治権の変更を意味する。それは住民一人ひとりにとって重大な決断であるが、その判断は半世紀先まで見越して下すことが必要である。市町村合併は地域の行政機構を抜本的に再編成するものだ。その点からいうと市町村合併は最大の行政改革と言えよう。

表 4-1　市町村合併はなぜ必要か（複数回答）

①　行財政基盤の強化（59.5%）
②　行政サービスの効率化（33.1%）
③　新しいまちづくりをする（17.8%）
④　生活圏の拡大（13.5%）
⑤　既に進めている広域行政に合わせる（11.3%）

資料：全国 3293 首長アンケート（共同通信社、2001 年 11 月）

†首長らの合併認識

市町村合併の必要性について現場の知事、市町村長はどう捉えているか。全国の知事、市町村長の市町村合併への認識に関する調査結果を紹介しよう（表４－１。全国の都道府県知事、市町村長、東京二三区長の全首長三二九三人を対象とした共同通信社の調査）。

市町村合併の必要性について首長らは、まず第一に行財政基盤の強化を挙げている。これは厳しい財政状況を反映した結果と思われるし、地方分権を強く意識した認識でもあろう。第二は行政サービスの効率化、第三に広域化時代にふさわしい新しいまちづくり、第四に生活圏の拡大に見合った行政圏の確立、第五に広域行政の実績を踏まえての圏域の一体化、と続いている。

もちろん、これらは首長の意見であって、それが地元住民の意見と合致するとは必ずしも言えない。行財政基盤の強化といった表現自体、住民にはぴんと来ないかもしれない。むしろ、合併によるリストラ効果を期待するのが住民かも知れない。また行政担当者がメリットと考えても住民にはデメリットだと映る場合もあろう。広域的なまちづくりが可能と考える為政者に対し、住民は役所が遠くなりきめ細かさが失われると考えるミスマッチなどはその例だ。この点を否定するものではない。

ただ一般的にみて、市町村合併は①広域的な行政需要への対応が可能なこと、②行政の効率化による行財政基盤の強化が可能なこと、③総合的な行政サービスの提供が可能なこと、④議会、首長が一本化され政治機能の一元化が図られることで広域的自治体としての意思決定がより迅速化されることは確かである。

2　市町村合併の効果

それらを踏まえて、合併で期待される効果（メリット）について考察してみよう。

①政治機能の一元化

第一は首長、議会という政治機能を一つに絞ることができる点にある。

これは広域連合や一部事務組合にはないメリットだ。筆者はこの効果こそ中長期的に大きなメリットと考えている。一つの地域の経営には一つの政治機関が当たることで統合力が生まれる。自治体行政の広域化を受けて合併を進める訳だが、それには広域連合や一部事務組合の対応ではダメかとよく聞かれる。ごみ処理や消防、下水事業、公的介護保険などの個別事業の広域化については、自治体ごとに一部事務組合をつくって連携すれば合併しなくても済むではないかという話がそれだ。確かにそのレベルでの事業連携で済むなら何も合併まで進む必要はなかろう。

しかし、政治機能が一本化されず、それぞれサイフも計画も別という中で、一部事務組合がまちづくりを一体的に進めることができようか。おそらく投資の重点化とか広域的な視点で施設配置を考えることはできまい。しかも広域連合や一部事務組合については寄り集まり所帯のもろさ、リーダーシップのなさが指摘される。それは互いの遠慮から生まれる点もあるが、根本は五つの市町村がごみ処理の一部事務組合をつくったとしても、五つの市町村には五つの議会と首長が存在し、五つの計画とサイフはそのまま存在するからである。政治機能は五つに分立割拠したままであり、基本的にそれぞれが独自の動きをする仕組みにあるからである。

こうした中、仮に五つの市町村が一〇の仕事を広域連合へまとめて委任し一体化を図ろうとしても、しょせん部分連合は部分連合としてしか機能しない。一つの生活圏を一つの行政体で運営しようとするなら合併が必要で、政治機能の一元化は避けて通れない。

②住民の利便性の向上

第二は住民の不便の解消、サービスの利便性を高める点にある。

細かく入り組んだ市町村の地域構造が住民生活にさまざまな不便を与えている。この解消には「細かく入り組んだ」部分を取り除く方法しか解決策はなかろう。例えば日常生活において、市町村境の近くに住む住民から小学校が遠いという話をよく聞く。確かに近くに小学校はある。しかし、それは隣接の他自治体の設置したものであって当該自治体のものではない。自分らの学校区からすると、遠くの小学校へ通わなければならない。これは大変不便だという話である。これは学校に限らずさまざまな公共施設にもみられる。

これについては、合併が実現すると、旧市町村の枠組を越えて通学区域の見直しが行われ、生活実態に即した小中学校の通学区の設定が可能となる。近所の友人と同じ学校へ通学できるようになる。こどもや親の判断で学校を選択できるようになるかも知れない。

日常生活圏の広域化に合わせた行政区域をつくることで、居住地や通勤先、買い物先など多くの場所で窓口サービスを利用できるようにもなる。すると、仕事を休まずに役所で用事を済ますことも出来る。納税もできるし、住民票や印鑑登録証も受けられる。これらは日常生活上のメリットであり、公立病院、中核図書館、文化ホールなどの施設サービスについても同様だ。地域の持つ潜在的な施設能力を有機的に結びつけることができる。施設の設置者である役所（負担者）と利用する住民の範囲を一致させることで、受益と負担の不一致も解消されよう。

③サービスの高度化、多様化

第三にサービスの高度化、多様化への対応が可能となる。

地方分権が進む中、サービスの供給側の問題として自治体の政策能力向上と職員の専門性向上が課題となる。現在の小規模自治体の枠内だけで考えるとこの向上はむずかしい。地方分権の成功を握るひとつの鍵は自治体のプロ集団をどこまでプロ化できるかにあるが、合併すると母集団が大きくなるだけにその可能性は高まる。合併の結果、職員の競争が促進され、有能な役職者を登用できる可能性も生まれ、政策立案能力の向上が期待できよう。

現在の小規模自治体では兼務する事務の数が多すぎる。合併するとこれが減るため、一定の事務に専念できるようになり、研究時間や職員研修への参加機会も拡大する。

大きな組織になると、時代にマッチした専門職や組織の設置が容易になる。例えば、国際担当、女性担当、NPO担当、環境対策、IT推進、まちづくりといった、いま必要とされる専門組織はある規模以上でなければ設置は無理だ。社会福祉士、保健婦、土木技師、建築技師、理学療法士といった専門職員の確保も同様である。

その規模がどれぐらいかは一概には言えないが、大体一五〇〇人体制以上が専門職を抱えるのに必要な規模とされる。一五万人以上の市であればそうした規模の市役所を持てる。行政サービスに対するマーケットの大きさも視野におきたい。高齢社会の一つの不安材料である救急医療について言うなら、合併することで救急車配備の消防出張所が増え、救急車の到着時間が大幅に短縮され、夜間休日診療が可能になる。こうしたスケールメリットの働く行政分野は多い。

④広域的なまちづくり、イメージアップ

第四点は広域的な観点でのまちづくりが可能だということである。

広域的な観点から土地利用計画を定め、道路や公共事業の整備、環境政策の実現を図ることができる。市町村の現場では、幹線道路以外の道路が市町村にまたがる場合、幅員が違ったり行き止まりになったりする例が多々見られる。これはベッドタウンを抱える都市圏の市町村により多く見られる現象だ。その理由は地価が高いということも背景にあるが、住宅等が密集しており区画整理事業が進まず道路計画が途中で頓挫していることも原因である。小区画の土地しか持ちえない住民にとっては土地の減歩は耐えられない。

合併後はこれらを広域的な視点から調整し、幅員の統一などは一つの自治体の権限で可能となる。道路はネットワーク化されてこそ力を発揮するし、住民の利便性も向上する。都市施設の計画的な配置や、環境問題、水資源確保、観光振興などの調整もスムーズに進もう。河川の上流と下流域の自治体が合併することで汚染対策は進む。水資源の豊富な市町村との合併により、飲料水や農業用水の不足が解消されるという例も少なくない。いま各地で頭を悩ませているゴミ処理施設の建設やダイオキシン対策でも、広域調整の中で適地に大規模な焼却施設の建設を行うことができよう。

合併によりサイフをひとつにすることで、重点的な公共投資も可能となる。地域の中核となる質の高い施設整備や大規模な投資を必要とするプロジェクトの実施が可能となる。地域の魅力アップには、都市部の自治体と温泉などをもつ山間の町村が合併することで観光政策を一体化でき、観光客や宿泊客の確保につなげることもできよう。

一定規模を確保することは情報発信力の向上にもつながる。外部に向け情報発信型のまちづくり戦略を組むことでイメージアップが図られる可能性も大きい。

⑤行財政の効率化

第五は行財政の効率化を図る点で大きな切り札となることだ。

さきの④とも関連するが、広域的観点からの公共施設の配置で、類似施設の重複や二重投資のムダを回避できる。合併後、市民の野球場や競技場、文化ホールなどの施設についてグレードの高い整備を図ることが財政上も可能となる。

議員や首長、助役、収入役の総数も減り、総務、企画、財政等の行政管理部門の一本化や必置の委員会、審議会委員、事務局職員の総数が減るため、管理的経費の削減が行われる。二割から三割の管理経費の削減が可能という試算も出ている。経費の削減だけでなく、一本化で浮いた余剰人員や経費を事業担当部門や新規サービスに振り向けることも可能となる。

第2章で、よい合併、わるい合併という評価モデルについて述べたが、筆者からすると、よい合併の一つの要素はこうした行政のリストラ計画がしっかりできているかどうかにある。合併しても、旧市町村の五企画課長が一人を除きみな企画課副参事といった肩書きで窓際に並ぶだけなら、何のための合併かわからない。

筆者の関わった宮城県の合併指針では、人口一人当りの歳出総額がもっとも小さくなる人口規模（最適規模）は約一七万人であり約三一万円のコストがかかるとされている。これが一万人規模の町だと約二倍、三〇〇〇人規模の村だと三・五倍にもなる。総じて人口規模の大きい方が効率的である。三〇万人で一・〇三倍、五〇万人で一・〇九倍という数値になっている。

人口一人当たりの人件費でみても類似の傾向があり、最もそれが低くなる人口規模は約一三万人であり約六万五〇〇〇円のコストがかかるとされる。三〇〇〇人規模の村だと二・六五倍、一〇〇〇人規模だと五倍のコスト高となっている。これもやはり人口規模が大きいほうが有利で、二〇万人で一・〇一、三〇万人で一・〇五、五〇万人で一・一四となっている。

一九九一年（平成三年）に岩手県の北上市と和賀町、江釣子村が合併しているが、合併から五年後の調査結果では人件費関連だけでいうと八〇〇人規模の職員数で二七名の減、人件費で約二％、三億数千万円の節減、議員数で六六名が三六名へ三〇名減、二億円の節減となっている。

もとより、こうした合併による効果は、合併後の新自治体が強い改革意思をもって進めようとしない限り実現しない。職員の削減が進むかどうかは中長期の職員削減計画を策定し、それに基づいて新規採用を抑制し、途中採用の不補充を続けて行かない限りスリムな組織体は生まれない。予算の削減についても同様である。

「志」の高い合併と筆者が呼ぶのは、これらの改革に関する改革意思と改革シナリオがしっかりしているかどうかを問題にしているのである。

3　市町村合併に伴う不安

†住民らの不安

他方、市町村合併には不安も付きまとう。よく懸念とかデメリットと呼ぶ領域がこれだが、あえて筆者は「不安」という言葉を使っておきたい。市町村合併にはデメリットはないと断言する首長や役人がいるが、筆者はそうは思わない。ものごとにデメリットはないという話は稀有だろう。例えば全国自治体首長のアンケート調査結果によると、以下のような不安が表明されている（表4-2）。

第一に、まちの個性や地域コミュニティが薄らぐという指摘だ。第二に住民の意見が反映されにくくなる、第三に基盤整備に地域的な偏りが生じる、第四に行政サービスが低下する、第五に旧自治体間の利害対立などしこりを残す、と続く。いずれも現場での切実な声だと思う。「合併しない宣言」をした福島県矢祭町へ小規模自治体からの視察が相次い

表 4-2　市町村合併に伴う不安（複数回答）

①　まちの個性や地域コミュニティが薄らぐ（40.5%）
②　住民の意見が反映されにくくなる（38.5%）
③　基盤設備に地域的な偏りが生じる（37.1%）
④　行政サービスが低下する（27.0%）
⑤　旧自治体間の利害対立などしこりを残す（21.3%）

資料：全国 3293 首長アンケート（共同通信社、2001 年 11 月）

だが、それは潜在的な意識として合併に伴う不安が強い証明とも言える。

これらを踏まえ、市町村合併に伴う不安を整理してみよう。

もとより市町村合併に際して不安視される事項も、先述の市町村合併のメリット（効果）と同様、必ずしもそれをデメリットと固定化して捉える必要はないというのが筆者の視点だ。メリットになるかデメリットになるかは、やり方次第である。またこうした不安、懸念は合併市町村の規模や首長の資質、首長と議会の関係、議会の構成メンバー、地域的特性（地理的形態）、職員の質、事務執行体制、さらに地域住民の意識などの個別事情によって多様であり、一概に指摘するのはむずかしい。そうした条件付きだが、ともかくデメリット視される事項を概観してみよう。

①住民の利便性に欠ける

まず第一点は、行政サービスの水準が下がるのではないかという不安だ。

奇妙に聞こえるかもしれないが、合併によって住民サービスが向上するのをメリットに掲げながら、他方でデメリットになるというのは自己矛盾ではないかと言われそうだが、言わんとする意味はこうだ。合併する自治体間に差がある場合、合併することによって高い水準の自治体の行政サービスが低いところに平均化された場合、高い自治体の行政サービスが下がるのではないかという話だ。行政レベルの低い自治体と合併すると負債まで背負う関係から、これまで高いレベルを維持してきた自治体が相対的に行政サービスを後退させてしまうのではないかというのである。

こうした声は中心的な役割を果たすであろう自治体の住民の中に多い。確かに中心的自治体は総じて他より行政水準が高いのが一般的だ。だから、下水道も普及していない、道路整備も悪い、財政力も乏しい周辺の自治体と一緒になれば、自分らは割を食うのではないかという懸念がでるのは十分想定される。この点は企業合併にも似ている。

他方、周辺に位置した自治体からは、負担額を中心的自治体に合わせた結果、住民税の均等割が上がるとか使用料、手数料が高くなるという指摘も出てくる。これまでと同じサービスを受けながらコストが上がる、こうした意味からサービス水準が下がったように見えるという声は正しい。加えて、行政区域の拡大により、従来受けていた自治体ごとのきめこまかな行政サービスが受けられなくなる。行政区域が拡大する一方で職員数、各種施設が合理化の対象になるので行政サービスの低下が懸念されるという声も多い。いずれもが、もっともな指摘である。これらは合併のデメリットと言えるかもしれない。

しかし、それらは絶対的なデメリットだろうか。

総花的にサービス水準全てを高めることが今後も正しいだろうか。これを機にあるものはより高め、あるものは下げるという選択もあるのではないか。既得権をすべて守ることが正しいという時代ではない。例えば、市町村合併の際に新市建設計画が作られる。その際、住民ニーズがより強いものに資源を重点的に配分し、今まで惰性で行ってきたが住民満足度の低いと思われるものは思いきってカットするか、サービスを半分にするという設計をしたらどうか。一部の声はともかく、全体の声として欲しているサービス分野の水準が上がったと理解されるなら、デメリットがメリットに転じたと言えるのではないか。

じつはこの辺が大事なことで、ただ合併すればよいという話ではない。合併後の行政運営の骨太の指針を決めていくことが合併に関し極めて重要なことだ。特に首長のリーダーシップが必要な点がここだ。事務事業のすり合わせを職員任せにする首長がいるが、これでは単なる水ぶくれ合併に終わるのみだ。職員は官僚の行動原理として自らの判断で改革をするという決定権をもたない。合併は最大の改革チャンスである。であるなら今後一〇年、二〇年先まで見通した地域サービスの姿を可能な限り議論し調整を進めるべきである。これは政治の役割である。

関連して、大きな自治体と小さな自治体の合併は吸収合併のようで小さな自治体にはマイナスに作用するという声がでる。しかし、大きな自治体側の政策ノウハウが優れているなら政策技術の伝播によって小さな自治体の職員層まで変化が起きてくるのではないか。サービス水準の高い自治体のノウハウを受け継ぐことにより、合併市町村が高質の行政サービスを行うことができるのではないか。

いずれにせよ、合併に伴うデメリットを小さくするのは首長の役割である。政治が決断し判断しなければならないことは、メリットを大きくすることはもちろん大事だが、デメリットを極力小さくする点にも力を注ぐことである。でなければ、合併効果は相殺されてしまう。

②中心地ばかりが栄える

第二点は合併により中心地ばかりが栄え、周辺地域がさびれてしまうのではないかという不安である。また旧市町村の歴史、文化、伝統といった特徴や個性が失われることへの不安も強い。

大都市圏のベッドタウン的性格をもつ都市部を除くと、住民にとって強い愛着のある市や町村の名称が消えてしまうことへの不安は予想以上に大きい。中心地と周辺過疎地という関係では、合併が進めば過疎地はより過疎化が進み取り残されてしまうのではないかという不安である。

経済活動も都市活動も生き物である以上、自然に任せ放っておけばそうなる可能性は高い。この点住民の懸念は当たっている。昭和の大合併でダメになった地域もある。

しかし、地域づくりは人為的な要素が強い。合併に伴う新市建設計画をつくる際、あるいはその後継続してつくられる長期計画などの行政計画において、合併地域全体について特色ある地域振興を図るビジョンを明確化し、合併特例債の活用などにより計画的な施設整備や基盤整備を図るなら、必ずしも上記の指摘は当たらない。

中心地の税収を周辺地区に重点配分することには異論が出よう。しかし、新たな一つの都市、地域をつくっていくのだと考えるなら、周辺地区への重点配分も考えられる。旧市町村単位での財源配分にあまり目くじらを立てるべきではない。

中心地の業務機能は住宅機能や食糧供給機能をもつ周辺地域に支えられている。相互依存のなかでその地域は成り立っている。いずれが有利、不利という見方は成り立ちにくい。

そうした小単位で考える考え方こそが現在の細ぎれ市町村の弊害だ。もし周辺自治体に不満、心配の声が強いなら一〇年間は周辺地域に重点投資をする計画づくりだってあり得る。その方が魅力ある地域づくりにつながるという条件付きではあるが。そこは政治の決断だ。合併における政治の重要性はいくら指摘してもしすぎることはない。

また、自治体運営の仕組みとして、政府のいう旧市町村単位で地域審議会（合併後の新首長に対し意見を述べる機関として設置され、合併前の区域の議員や住民代表から構成）を設置することも有効かも知れない。これについては筆者はもっと現実的な提案をしている。地域担当の副市長制導入だ。そこまでしなくても定期的に地域懇話会を開くなど地域の意向をきめ細かく拾い施策に反映する努力をするなら、この不安は杞憂に終わる可能性もある。

合併により、歴史や文化、伝統が喪失するのではないかという不安も、合併すると必然的にそうなるとは言えまい。例えば新市建設計画において各地域の特徴を生かしたゾーニングを行い、合併特例債を活用して地域の一体性や地域住民の連帯感を確保する事業を重点的に行ったり、地域の特性や個性を引き出す事業を行うことで、そうした歴史や伝統を逆に生かすこともできる。多様性を持つ地域づくりができる、これは合併のメリットである。合併により豊富な人材を活用し地域のリーダーを育成していくこともできよう。

愛着のある名称を消さないことも努力次第である。長く親しんできた町名や字名を新市の各地域内で使ったり、学校などの公共施設の名称として生かしたらどうか。

③政治や行政が遠くなる

第三点は議員数が減少し、住民の意見が行政に反映されにくくなるのではないかという不安である。また行政の規模が大きくなり、少数意見が切り捨てられるのではないかという不安がある。行政が行うサービスに違いはないのに、合併したら役所が遠くなったといった声をよく聞く。確かにそうした側面があることは否定しない。

不思議なことに普段それほど頻繁に役所に通う用事もないのに、合併の議論をすると必ずこうした議論が持ち出される。本当に住民はそう考えているのだろうか。反対するための理由づけにしているのではないか。

議員について今の制度では、町村より市の方が人口比でみた議員数は少ない。だから、五万人の市と数町村が合併して一〇万人の新「市」が誕生すると、それまでの市議会議員、町村会議員の合計で一〇〇名近くいた議員は三〇名程度に減ってしまう。三分の一への激減だ。今回の合併で多くの町村が市と合併する動きを強めているから、このことは現実となる。

日本にはいま市議会議員で約二万名、町村議会議員で約四万名の議員がいる。これが全体としてほとんどが市になる方向へ合併が進むと、議員数は半減することになる。

ただ、基礎的自治体の議員数が減少したから直ちに民意が反映されにくくなった、政治的代表度が下がったと言えるだろうか。ここが問題だ。現在、五万人規模の「市」において条例定数で二五議席としている場合、市議会議員に当選できる最低得票は大体一〇〇〇票である。なかにはその倍も得票する議員もいるが一〇〇〇票でギリギリ当選できるのが一般的だ。得票数が即住民代表度を表わす訳ではないが、仮にこの市が隣接町村と合併し一〇万人市となり、議員定数が三〇になったとすると、当選ラインは一五〇〇票まで上がろう。もちろん、地域の面積もからむから一概にはいえないが（総じて町村は面積が広い）、当選ラインが一〇〇〇から一五〇〇に上がることで代表度が実際下がるだろうか。

もともと国会もそうだが、地方議会の議員定数は明治以降、長い歴史の中で形づくられてきた数であって、議員定数にあまり理論的根拠や合理的基準があるわけではない。いま、どの議会も将来人口の動向や財政負担、経費の削減を理由に法律上の定数（法定定数）より二割から三割程度定数を減らす減数条例（市町村全体でみると平均二・五割の減となっている）を定めて議席数を決めているのが現状だ。

筆者は、現在の市町村議員の活動からして議員数の減が民意の反映を妨げ、政治的代表度を下げるとは考えない。むしろ議席確保の必要得票数を一定程度高くした方が議員の質は上がり、ドブ板議員活動に終始するような行動はなくなるとみている。政治家である議員の役割をどう考えるかにもよるが、住民の身の回りについての世話役、役所とのパイプ役程度の話なら議会制度を通じなくても方法はある。そうではなく、分権時代の議員はその地域の予算と条例、重要な建設事業等を審議し決定する決定機関の構成メンバーである。そこでは政策論争のできる能力が求められる。単なるパイプ役ではつとまらない。

しかも将来ビジョンを構想する地域リーダーの役割を期待されている。単なる利害調整者ではない。その点、合併して議員数が減ることがデメリットだとは考えにくい。

数市町村が合併すると、市役所は一つの機能にまとまってしまう。だから周辺に位置付けられた地域からは旧来の役場と違い、役所が遠くなったという意見がでる。ただ、これについては昭和の大合併からの経験に照らし、旧役所を支所、出張所として機能させることで地域の身近なサービスは可能である。旧役所を支所・出張所として機能させ、従前の行政サービスを確保することはできる。CATVやインターネットを活用して双方向型の情報ネットワークを構築するならそれすら不要となるかも知れない。巡回・出前型のサービス提供や手続の簡素化により、行政機関へ出向くこと自体を減らすこともできる。物理的な距離はいまやクルマという交通手段の普及で相当程度克服されている。

④行財政の効率化が進まない

第四に、合併しても行財政改革が進まないのではないかという不安だ。

確かにこの指摘は一面の真理だ。筆者は「よい合併・わるい合併」、「透明な合併・不透明な合併」というモノサシで合併の進め方を評価しているが、人員のリストラ計画もなく、財政の中長期の削減計画もなく、ただ数市町村が一緒になった水ぶくれ合併は「わるい合併」と言わざるを得ない。不透明な合併のままなら④の指摘どおりだ。

確かに合併しても旧市町村の一般職員の身分は原則保障されるため、人員の削減が容易に進まない（退職による自然減を待たねばならない）。旧市町村の行政区域に従来の役所、支所、出張所をそのまま残し、逆に合併特例債を当て込んだ新市建設計画にはさまざまな新規事業を多く盛り込み、こうした結果余計財政が水ぶくれになる。職員間の意思疎通も悪く事務効率が低下し経費削減効果はほとんど期待できないという場合も想定される。

こうした状況が生まれるなら、一体何のための合併なのか疑問の声が住民から出るのは当然だ。しかし、市町村合併は既得権化した既成秩序を壊す行革の最大の機会である。そうした視点を持たなければ、期待される改革は進むまい。ここは政治家の意思にかかわる問題だ。合併に伴いムダを整理し余剰人員を五年、一〇年で削減する意思と計画があるなら水ぶくれ合併は防げる。住民はそれを十分監視し統制しなければならない。

合併過程でさまざまな統一化の作業が行われる。例えば行政文書の移管、役所の整理統合、コンピュータシステムの統一、名称変更などがそれだが、じつはそれに多額の経費がかかってしまい、かえって出費が増えてしまう、何が行財政改革なのかという批判も出る。職員給与も合併時の最も高い自治体の水準に合わせ、議員報酬も同じ。自治体の事業計画もただ既存の計画をホチキスしただけで事業の重複を外すことすらしない。これでは職員・議員の利益を温存した「形だけの合併」ではないかという話になる。筆者のいうわるい合併の典型例がこれだ。

そうあってはならない。財政危機を克服する一つの有力な手段としての合併である点を忘れてはならない。特に首長、議員など政治リーダーたちはこの点身を引き締めて民意に応える努力を惜しんではならない。組織の合理化でポストが削減されたら、職員の解雇ができるというのが分限処分の理解の仕方である。リストラはやろうと思えば出来るのである。要はそうした強い改革意思があるかどうかだ。

財政力に格差のある市町村が合併した場合、豊かな財政力を有する団体の住民に不満が残る。これも確かだ。人事上も一般職の管理職昇進や特別職の選出を旧市町村のバランスに配慮して選考しなければならなくなる。首長の権限が増大し、権力が一極集中化する懸念すらある。これも行政当局者の話としてはよく聞かされる話である。

しかし発想が少し後ろ向き過ぎないか。

例えば、県からさまざまな権限移譲を受けたり、専門組織の拡充等による新たなニーズへの対応を図ることにより、合併による規模・能力の強化にふさわしい体制づくりを進めることができるのではないか。またすでに一つの自治体内で実施している良い政策が合併後、これまでなかった自治体地域にも拡大するならよい意味での政策伝播効果が生まれる。

人員を有効に活用し専門性を高める努力をすべきである。新市建設計画の策定段階から住民の参画を図り、将来ビジョンを見据えながら社会資本整備や行政水準、事務効率等を検討するなら、明るい展望も可能となる。

人事や昇進についても、旧市町村の単位に縛られることなく適材適所でいくべきである。バランスのみを先行させるなら何も生まれない。合併市町村の運営について住民参加や情報公開等を積極的に進め行政の透明性や応答性を高めるならそれはメリットに転ずる。

一五万人以上の中規模自治体になることで職員一五〇〇人体制が生まれる。そこで各行政分野に専任の組織、職員をおき、専門性の高い組織で行政運営を行うことが可能になる。そこでは首長から権限の委任を進め、組織として適正な権限配分を行う組織内分権を進めることもできよう。

筆者が強調している「志の高い合併」とは、市町村合併をピンチだから行うのではなく、逆転攻勢をかける絶好のチャンスだから行うと捉えるところから始まる。これを機に地域のフルモデルチェンジをねらう、グレードアップを図る機会と捉えるなら、一般論としていわれるデメリット論は克服が可能となる。そうした志の高さが欲しいのである。自主合併は「言われるからやる」というものではない。あくまでもプラス効果が大きいと判断するからやるものだ。そこには高い志が必要だというのが筆者の一貫している考え方だ。

第5章　自治体は変われるか

足腰の強い自治体づくり、それが合併を求める一つの理由であるが、それは財政的な側面だけの話ではない。もとより規模を拡大したから直ちに足腰が強くなる訳でもない。自らが政策官庁をめざし、政策能力の向上や政治改革に挑戦し、人材経営の視点で新たな人事の活性化を図ってこそ、合併後の足腰の強い自治体が生まれてくる。要は意欲と能力次第である。そうした観点から今後の自治体改革について多角的に論じ提案してみたい。

1　意欲と能力で決まる

†合併自治体に特別副市長制を

まず合併後の自治体において経営の骨格をどう定めるかが課題となる。リーダーシップの発揮できる体制、改革が隅々まで行き渡る体制、かつ旧市町村の参画意欲の高い体制づくりは合併が成功していくかどうかの鍵となる。そこでまず基本的な提案をしておきたい。

合併自治体に特別副市長制を敷くことを勧めたい。数年前、上越市が行革の一環として部制廃止に伴い副市長制（助役六人制）を創設し話題になった。ここでの特別副市長制はそれとは異なり、五つの市町村が合併したら、融合までの必要時間である五年程度に限ってそれぞれの旧市町村を担当する特別副市長（助役）をおくべきだというもの。その身分は特別職の助役という位置付けになる。

例えば人口一〇万人市と二万人の町三つと八〇〇〇人の村という五市町村が合併したとしよう（一六万八〇〇〇人の新市誕生）。合併後すぐの市長選挙で一〇万人市の市長が当選したとすると、残る四人の町村長は選挙に出て戦ったかどうかは別として失職する。この場合、リーダー自治体となった一〇万人市があらゆる主導権をにぎる可能性が高く、四町村の不安が高まる。職員も住民もだ。旧町長は二〇〇人の職員がどのような扱いを受けるかが気になるし、これまで支持を受けてきた町民への行政サービス、目配りもどうなるか心配だ。

政府の案だとここで旧町村に地域審議会を置くべきだとなっているが、実際の活用状況はゼロに近い。筆者は地域の融合に必要な五年程度に限って、旧町村を担当する特別副市長を責任者としておくべきだと考える。そのポストへは選挙に出なかった前町村長を充てるのもよいし、前助役など他の適任者でもよい。いずれ地元の行政や政治に精通した人材を登用するのである。その特別副市長は旧地区のパイプ役として事実上行政責任を負う重役となる。しかし、地元利益だけを主張する存在なら混乱が増す。そこでこの特別副市長には新市長のもとでの参謀の役割と地域担当の役割の二つを課すのである。こうすることで、全体への目配りと地区への目配りを調整する行動が期待できる。一種の緩やかな集団指導体制の実現である。

これを合併市町村における「特別副市長」制と呼んでおこう。その任期は地域の判断で四年とするか、五年に限るとするか決めるとよい。しかも同一人物をその期間内ずっと就けておく必要はない。最初は政治的しこりをとる意味で町村長経験者を充てるとしても、徐々に行政のプロにシフトしていけばよい。ただ、なるべく旧町村から人材を得る努力をすることだ。というのも、この制度は地域融合と地域参加をねらいとするからだ。でないと、たとえば旧四町村担当の特別副市長は置かれたが、そのポストはすべて市長を輩出した中心市の出身者が充てられることにもなる。そうなると、逆に旧町村が人的にも支配を受けた感覚をもとう。それでは組織融和も進まない。旧町村が吸収合併されたという被害者意識にならないためにも、融合の進む間は旧町村から人材登用を求めたい。

こうしたソフトランディングの制度導入で、合併後の自治体経営は比較的スムーズに統合へ進むのではないか。筆者の現場感覚をふまえた提言である。

†「自治基本条例」の構想を

合併後の自治体運営を考えると、自治体の憲法にあたる「自治基本条例」の制定も大事だ。合併するだけで精一杯と言われそうだが、複数自治体が一緒になるわけだからそこに新たな運営ルールが必要となる。自治基本条例を定めるチャンスは合併自治体にありと言いたい。いま各地ではまちづくり基本条例（ニセコ町）、市民参加条例（箕面市）と名称こそさまざまだが、自治体版憲法をつくることで住民自治のあり方を自らルール化しようという動きが活発だ。筆者は東京都杉並区の策定に関わったが、地方分権一括法の施行以来、自治体の内部から始まった新たな自治体づくりへの挑戦としてこれを大切に育てなければならないと考えている。合併自治体の運営ルールづくりは自治基本条例にありと言いたい。

自治基本条例の制定で首長の多選弊害や入札汚職、住民投票の扱いをめぐる混乱に自ら終止符を打ち、自治体の自己統制能力を高めるとなるなら、自治体への受け皿能力不信論を払拭する好機ともなろう。

自治基本条例は、自治体にとって一般条例の制定や計画策定の指針となる基本条例であり、住民の権利・義務や議会・執行機関等の組織運営についての基本事項を定める総合条例である。他の条例をしばるという意味で「条例の条例」とも言われる。制定内容は地域ごとに異なろうが、骨格としては日本国憲法同様、前文の自治宣言、住民の権利・義務に関する規定、議会、執行機関等の運営ルール、住民や自治体の連携、改正手続などが柱となろう（詳しくは表5－1を参照）。

基本条例を定めることで①自治運営の仕組みが分かり易くなる、②行政運営の根拠が明確になる、③住民参画のルールができる、など全体として住民自治の高揚が期待される。もとよりこれらの効果は、住民自身の主体性に依拠する点が大きいが、もう一つその条例にどれだけ改革的な要素を盛り込むかにも左右される。これを機に従来タブー視されてきた点に一定の答えを出し、自治体改革の機会にしようとするならその展開はより進歩的なものとなろう。

例えば首長の多選禁止を行うかどうか。自治体における予算、人事、公共工事の発注などの強力な権限をもつ首長の多選は、汚職事件の引き金であったり、組織の停滞要因であったりしている。確かに多選禁止には立候補の自由を制限するから憲法上認められないという解釈もあるが、もし地域住民の多くが自らの自治ルールとして地域政治の活性化には多選禁止が必要だというのなら、この際自前の自治基本条例にそれを盛り込むのも一つの選択ではないか。

表 5-1　自治基本条例の骨子

1 住民自らの自治宣言 「住民の・住民による・住民のための自治運営」の宣言 2 住民の権利と義務 ①住民は主権者として行政参画の権利を有すると共に、同じ程度の義務を負う ②住民納税の義務を負う。税の使途について自治体に報告を求め監視する権利をもつ 3 自治体の運営原則 4 議事機関のしくみと運営 5 執行機関のしくみと運営 6 自治体運営システム 7 財務会計、財政運営の基本原則 8 住民との協働 9 自治体間、国との連携・協力 10 最高法規性の規定 他の各種条例の上位に位置づけられる最高法規性をもつ 11 改正手続

もう一つ住民投票を規定するかどうか。一般に直接参加となる住民投票の導入を議会は嫌う傾向にある。確かに議会が住民代表であり制度上も決定者だから、そうした意見もよく判る。しかし議会が万能と考える時代かどうか。事案によっては住民の全てが一票を投じることで民意が確認され、参加意識が高まるという場合もある。一人ひとりの生活に直結する市町村合併は住民投票になじみやすい。さらに地方新税や増減税、大型公共事業、起債発行などはその対象と考えられる。

首長や議員らが掲げる複数の政治公約への支持では判別できない争点、つまり利害対立的な争点については単一争点に限定して意見を聴く方が望ましい。住民投票は議会の補完機能をもつものである。その根拠を自らの自治体憲法におくならば、各地で繰り返されてきた住民投票条例を定めるかどうかをめぐる政治紛争は回避されよう。

†地域の政策主体へ

地方分権は、国と地方の関係を集権的関係から分権的関係にかえ、相対的に地方側の決定権を拡大する改革である。もとよりこれはあくまでも手段に過ぎない。決して目的ではない。要はこうした改革を通じて分権・分散的国家が姿を現してこなければならない。その分権・分散的国家づくりの主役が今後自治体に移ってくるのである。

そこで自治体自身が自ら考え、実施し、責任を負う体制づくりを行わなければならない。その点、例えば行政改革といっても従来型の行政改革では政策主体としての自治体は生まれない。依然、今でも多くの自治体は伝統的行革手法、つまり「減量経営」に終始しているが、それで政策官庁としての自治体が生まれるとは考えられない。

確かに住民らは、バブル崩壊後そして景気低迷下での自治体改革は不十分であり、自治体のタガを締め直す、そうした機会として行革を捉えようとする。もちろんそれは間違った考え方ではないし、納税者として当然の主張であろう。合併に対する期待もそこにある。しかし、こうした減量経営を軸とする行革のみでは新しい政策官庁としての自治体は生まれない。これからの自治体行革は、行政の透明性を高める、責任を明示できる体制をつくる、政策評価をしっかり行う、そして政策主体として活動できる体制をつくることにある。そのチャンスが地方分権、市町村合併という大きな改革機会としておとずれている。

†自治体に民の手法を

最近、行政改革の思想としてNPM(ニュー・パブリック・マネージメント)ということが盛んに強調される。政府の経済財政諮問会議が二〇〇一年六月、行財政改革を推進し、住民へのサービス内容を高めるため、NPMの活用を打ち出したことも影響しているが、イギリスのサッチャー政権以降、NPMつまり行政の民間化という思想が世界を席捲している。NPMとは行政に民間企業の経営手法や考え方を取り入れる手法であり、限られた予算や人員を有効利用して最大限のサービスを提供することを目的としている。深刻な財政不足にある自治体にとってこうした考え方は大いに学ぶべきである。

NPMの考え方はサッチャー政権下の一九八〇年代にイギリスで生まれ、ほかの欧米諸国に広がった。日本では九六年に三重県で北川県政がスタートし事務事業評価システムの導入を打ち出したことが引き金になり、先駆的な自治体に広まり、そして国での取り組みが始まった。

NPMの基本的な考え方は、過程より結果を重視する成果主義に特徴がある。これは当初の予測と異なる結果が予想されるなら、途中での見直しを恐れてはならないということ。民間では当然だが、行政ではしばしば結果よりも過程を重視するような仕事ぶりが目立つ。いったん決めた公共事業は時代環境が変わってもやり続けるといった行動様式がそれだ。これに対する批判は強く、またそうした硬直的な経営態度をとる時代でもない。

自治体の役割は住民に対する公共サービスの提供だが、これを商品としてのサービスを提供する民間ビジネスになぞらえ、最小の費用で最大の効果を生む手法と捉えようというのがNPMの思想である。税金をもとに予算や人員などの資源をどのくらい投入し、どれだけの量のサービスを生産し住民に提供したのかを把握する。そしてこのサービス提供によって住民生活の質がどのように変化したか、満足は得られたのかを成果として測定する。資源の投入量やサービスの生産量は自治体が調整できるが、成果は受益者である住民の判断で決まる。道路建設でいうと、建設費用の規模や道路の長さではなく、これによって周辺道路の渋滞をどれだけ緩和し、住民の生活がどれだけ便利になったかを成果として把握するという訳である。

成果の測定は、会計検査院の検査思想を支えている考え方だが、①合法性（リーガリティ＝法律や条例に適合しているか）、②経済性（エコノミー＝資源の投入量が適正か）、③効率性（エフィシェンシー＝投入資源に対し最大の生産ができたか）、④有効性（エフェクティブネス＝住民の期待通りの成果があったか）という1L＋3Eの基準にそって数値的に把握する。自治体はその結果を議会や住民に公開し、今後の改革議論の基本的な資料とするのである。満足度の低い仕事は止めるか、縮小するか、改良するかだ。ともかく長らく続けてきたからやり続けるという手法は採らないということである。

また自治体の業績を高めるにはどうすべきか、いくつかの手法が考えられよう。

一つは部門ごとの責任者（例えば部長）を「経営者」に擬制して業績目標を与え、予算などの裁量権を委譲する。各責任者は自律的な部門運営が可能になるが、目標達成の責任も負う。この際に首長と一種の契約を結ぶことも可能で、この部門ごとの経営者を執行役員と称し特別職にするなら（取締役）、権限と責任と任期をセットにした重役職となる。自治体の主要部長職をこうした特別職に切り替えろというのは、筆者の年来の主張である。先述した地域担当の特別副市長制は合併時の臨時措置だが、一つの自治体として落ちついたら次はこの体制に切り替えることもできるのではないか。

もう一つは競争原理を導入すること。一部業務の外部委託や民営化を進めるのである。公会堂や公園の建設を民間資金を活用して公共的業務を行うＰＦＩ方式に委ねようという自治体が出ているが、行政民営化の一つの先駆的例だ。大体直営や民間委託より二割安という計算である。もとより注意すべき点もある。民間企業の最大の目的は収益拡大にあり、すべての住民に公共サービスを公平に提供する義務のある自治体が民間の手法を無条件で受け入れるのは危いという点だ。ＰＦＩ方式で清掃事業を民間企業に委ねたイギリスでは、ごみを収集しない地域が続出したという報告もあり、行政責任の範囲を明確にした上でＰＦＩ方式の導入を考えたい。

†リストラの新解釈を

リストラという言葉はいまや人員削減を表わす代名詞でしかなくなった。しかし、そうだろうか。これから自治体はリストラの時代を迎える、こう述べたら読者は首をかしげるだろうか。そうあってはならない。リストラ（re-structuring）とは「機能の更新」を意味する。確かに不況の中でこの十数年間に使われてきたリストラという言葉は人員整理・解雇の色彩が強かった。広げても会社の立て直しや事業の見直し、合併統合を通じての組織再構築というところに止まった。しかし、本来のリストラの意味は「機能の更新」である。そこから自治体のリストラは、その組織体のもつ機能を時代ニーズに合うよう機能更新するという前向きの改革と解釈されなければならない。これを自治体の「構造改革」と呼んでもよい。市町村合併も地域の構造改革である。

確かに短期・即時的に行うべきリストラは、バブル崩壊後の経済社会に対応できる自治体づくりだとしても、それのみに止まってはならない。そうではなく、中長期の視点を加えた分権時代、広域時代に対応できる足腰の強い政策官庁としての自治体づくりがその中核にならなければならない。

従来の執行機能を果たす事業官庁の役割に終始してきた自治体に対し、政策機能を付加し、どう政治機能を高めていくかが改革の基本的課題となる。政策主体たりうる政策自治体づくり、これが自治体の「機能更新」であり、構造改革の最大のテーマである。

2　自治体間競争の始まり

†能力の差が出てくる

これから地方分権で相対的に裁量権の拡大していく自治体には、政策官庁の役割を担う政策形成力が備わっているか、自らの行財政経営について経営責任を明確にできるかが問われる。そして公共サービスの供給主体としての規模は適正か、情報の透明性が確保され信頼感の高い自治体であるか、住民にセルフコントロール能力が備わっているかも問われていく。

国の庇護のもとで、あるいは県のカサの下で、ヨコ並び意識で仕事をしてきた市町村に今後、格差現象が生まれるかも知れない。それは財政力格差だけでなく、自治体個々の経営能力、政策力格差となって表われてくる。民間の経営手法を導入し経営の巧みな自治体では、高い行政サービス水準の割には住民の負担は低い。他方、知恵のない親方日の丸型の経営に終始する自治体では、住民の負担が高い割にはサービス水準も低く、地域自体に魅力がないといった具合にである。

それらの結果責任は、究極的には首長、議員という住民代表が負うことになる。

これから自治体には経営の質を競い合う関係も生まれてこよう。それぞれの自治体が長期にわたって、住民の求める価値を創出し、優れた質の公共サービスやまちづくりを継続的に生み出していけるかどうかが問われるのである。

人々はこの評価をもとに住むところを決めていくだろう。優れた自治体経営の行われている地域では人が増えていく。逆のところでは人が去っていく。これを「足による投票」という。アメリカで起きているこの現象は対岸の出来事に止まるまい。

国の庇護の下ではどんなに努力しても、それほど努力せずともあまり差が見えなかった――こんな時代は終わった。お役所仕事の代名詞とされた遅れず・休まず・働かずの組織風土など一変してしまおう。伸びる自治体にはよりメリットを、落ちこぼれる自治体にはペナルティを――そんな信賞必罰の環境下にこれからの自治体はおかれる。

これは自治体行政に携わる者にとっては厳しいことかも知れないが、サービスの受益者である顧客（住民）にとっては「良いこと」なのである。

これからは、自治体における政策ビジネスをめぐる競争が生まれる。これを筆者は「自治体間競争」と呼んでいる。

図5-1　求められる3つの能力

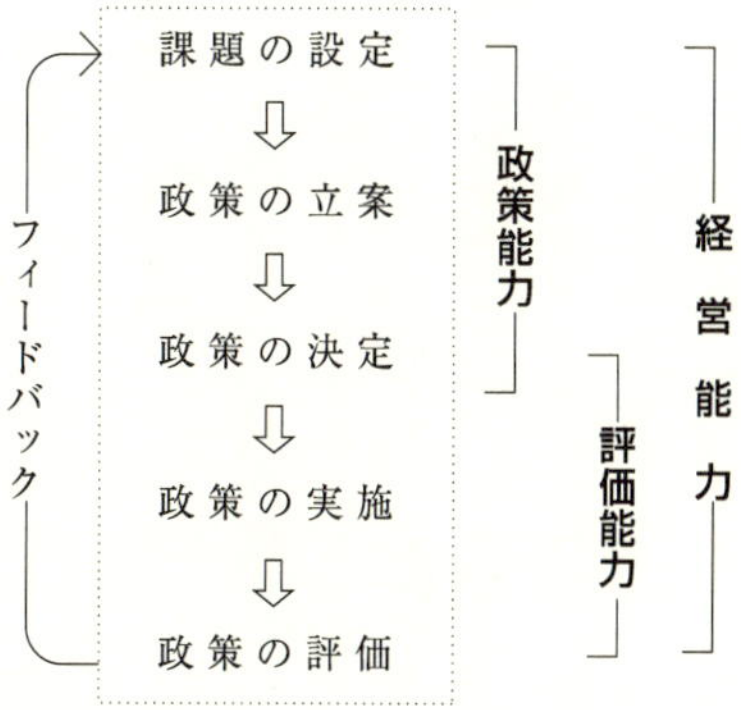

†市町村は先端機関

これまで住民に最も身近な市町村は末端機関視されてきたかも知れない。しかし、これからの市町村は「先端機関」であり、最も頼りにされる「第一の政府」である。そこで展開される行政は末端行政ではなく、先端行政でなければならない。

〝行政には競争がない〟というのは過去の話。あるいは役人の言い分に過ぎない。あの地域で出来て、なぜわが地域ではできないのか――この種の話が各政策領域で多くなってこよう。自治体経営の方法について「知恵を巡る競争」関係が成立してくる。

「他人のカネで他人のために働く」、これが公共の論理だが、これからは「自分のカネで自分のために働く」といった、民間の論理により近い発想が自治体に求められる。

こうした大きな変化の中で、自治体および自治体職員には三つの能力が求められる。第一は経営能力であり、第二は政策能力であり、第三に評価能力である。政策過程との関わりで説明すると図5－1のようになる。

†経営能力――その戦略

第一は経営能力。それは政策過程全体に及ぶ。この全過程をうまく組織化し、運営し、良好な結果を生み出せるかどうかが、ここで問われる経営能力だ。従来、行政は「出るをはかって・入るを制する」を財政運営の原理としてきたが、これは執行の論理ではあっても経営の論理ではない。なぜなら、住民からの需要を与件とおき、それを満たす財源が不足なら国に陳情するか公共料金を値上げして必要財源を満たすという「執行賄い」の考え方に基づくからである。

経営というのは、独自に定めた経営マインド（理念）に基づき、経営システム（体制）を構築し、自らの経営ノウハウ（技術）を駆使して、組織目的の最大化を図ることである。そこには必要なカネはいつでも集まるという発想法はない。必要なカネも集まらない、借金しても返せないかもしれない。自ずと「入るをはかって・出るを制する」経営原理が支配することになる。

自治体のトップに課せられる課題は、みずからの理念に基づいて独自の経営を組み立て、その結果について経営責任を明確にできるかにある。ここでいう経営責任には、執行機関の長ないし主要部課長のみでなく、公選職である議会議員の責任も含まれる。

自治体の経営能力を高めるには、一つは首長の選び方を変えることだ。行政実務に精通した生え抜き職員を首長に据えようという発想はもう古い。国内に限らないが民間会社、シンクタンク、マスコミほか異文化体験を自治体に持ち込むことが大事である。公募制でもヘッドハンティングでもよい。首長が大統領のような権力をもつ自治体では首長の資質が自治体経営の成否を大きく左右する。主要部長も特別職にしたらどうか。定年を待つ〝上がりのポスト〟が部長では落ちこぼれ自治体への転落を待つようなものだ。「最も能力を発揮できる四〇代の職員が年功制のなかで能力を発揮できないことは組織にとって不幸である」。この言葉は東京のある有力市長の言葉だ。筆者も同感である。その点、合併自治体こそ改革機会である。

同時に議会の質も高めたい。市町村合併で議員数は減る。しかし責任領域の拡大した議員の質は高まる可能性がある。そこで注文だ。議会は「討論の場」。決して執行部の提案を追認する機関でもなければ、単なるチェック機関でもない。首長の提案をめぐって与野党の立場からディベート（知的論争）を徹底して行う場である。そうしたディベートが行われてこそ、住民に政治争点が明らかにされ、よい決定が行われていく。

†政策能力——その戦略

第二は政策能力。図でいう課題の設定から政策の決定までがここで問われる能力である。どうすれば魅力あるまちづくりができるか——この問いに応える政策設計ができるかどうかが政策形成能力の問題である。

それは政策目的の明示、政策手段の構想、政策資源の調達、実施体制の明示、利害関係者への対応からなる。この業務は従来の決められた仕事を執行する事業プロの発想ではうまく行かない。目標自体を自分たちで設定してかかる。その意味で職人ではなく、建築家、設計者、デザイナーのセンスをもつ政策プロでなければならない。これを自前でどう育てるか、あるいはヨソからどう引き抜いてくるかが人事戦略の問題となる。

いまや市町村職員にも大卒が多い。基礎能力は高いと思われるから、これを職人としてではなく、設計家として育てる独自の人材育成プログラムを持つなら、育つ可能性は高い。自前で育てる場合、研修を多くやればよいということではない。企業体験を積ませる、マーケティングをやらせる、企画や財政畑でマクロな視野を養う、省庁や県、シンクタンク、あるいは海外自治体への派遣で鍛えるなど、知識ではなく知恵を磨く、構想力を高める訓練を多く積ませることである。それで間に合わない分野は、民間ないし他自治体からスカウトしてくれれば良い。

仕事に対する業績評価もきちんと行うべきである。それは当然、経済的評価としての労働報酬にも及ぶ。ボーナスは業績評価の結果を反映したものでなければならない。

組織として政策能力を高めるには、小さくともシンクタンクをもつべきだ。それは専任の研究員とか建物を必要条件とはしない。地元大学や民間企業、知識人などに職員も加わって研究会を組織し、定期的に基礎的な研究活動を行うことでよい。この日常的蓄積がないと長期計画づくりでも都市計画のマスタープランづくりでも、東京のシンクタンクを頼むことになる。委託調査のみを続ける自治体に政策能力は育たない。優れた政策プロとしての人材も育たない。アイディアの蓄積もできない。いつまで経っても、政策自立のできない自治体に止まってしまう。研究開発・人材育成に投資しない自治体は今後伸びない。

†評価能力――その戦略

第三は評価能力。一般に plan → do → see という過程の中で、評価の問題は see という場面をさす。しかし、ここでは図にみるように決定段階から対象にし、実施段階、実施結果までを政策評価のエリアにあげておきたい。

というのも、いったん決めた公共工事は時代背景が変わってもやり続けることが本当に正しいのか。そうは思えない。やはりそこには時代の変化要因を加えて計画されている事業、実施中の事業内容を見直す「時のアセスメント」が盛り込まれる必要がある。

従来、自治体に限らず日本の行政は see という場面にメスを入れることはなかった。むしろ予算消化主義の言葉があるように予算は「使い切るが良し」の発想が一般的だった。住民の批判をよそに第4・四半期に公共事業が集中し、予算消化のための管外出張などかけ込み的行動が目立った。こんな行動様式が許される時代ではない。こうしたことに納税者は怒っている。

わが国の行政に政策評価システムを導入した三重県の北川知事は、システム導入の意義をこう述べる。

①従来型行政の質的転換を迫る。その質的転換は、職員一人ひとりの意識の変革が起きてはじめて可能となる。

②前例踏襲、予算獲得重視から目的・成果志向、結果重視へと変える。そのためには目的の明確化と成果目標の具体化（数値化）を行う仕組みが必要だ。

③結果を検証することを定着させる。つまり plan → do → see サイクルを実務レベル

で確立するという「当たり前のこと」が重要な意味をもつ。

自治体には従来のような執行能力の向上（効率性、効果性の追求）のみでなく、政策形成能力や政策評価、さらには経営主体としてのトータルな経営能力の向上が求められている。それは小さくとも政府だ。その誇りを背後から裏付ける能力をこれは意味する。

以上をまとめると、政策官庁としての自治体づくりということになる。

これから自治体は、政策官庁としての地方政府（local government）をめざす時代だ。決して地方公共「団体」ではない。これまで地方公共団体として自治体は、地域の政治機能を果たす「政治体」と事務事業の執行機能を果たす「事業体」の二つの面しかもち得なかった。これを事業官庁としての自治体、「事業自治体」と呼ぶことができる。

これに対し、これからの自治体は地域の政策主体としての自治体だ。そこには三つめの機能として地域の政策形成機能をもつ「政策体」が加わらなければならない。この三機能を備えた自治体を政策官庁としての自治体、「政策自治体」と呼ぶことができる。

これからの自治体づくりは政策自治体の創造にある。とするなら、政策官庁づくりの視点から「政策体」の構築と「政治体」の改革が俎上にのぼらなければならない。その方策は上述した点にとどまらない。大いなる挑戦こそが自治体の進歩をもたらす。自治体の合併は最大の構造改革の機会だ。相互の自治体間競争の中で自治体の構造改革が進むことを期待したい。

3　人材育成の新しい視点

†飛行機人間をつくれ

これからの自治体経営は、財政面でも政策面でも積極的な工夫・戦略を必要とするが、ともかくその基本は人材面での改革戦略であることは間違いない。

その核心は何かといえば、知識人間（受動的に知識を得るグライダー能力に偏った人材）ではなく、知恵人間（自分でものごとを発明、発見できる飛行機能力の開花した人材）をいかにして集め、育てるかにある。これからの自治体は、エンジンをもつ飛行機人間を多く抱えなければ、時代の要請に応えることはできない。そうした努力なくして組織力は向上しない。

飛行機人間を自ら考え自ら実践できる政策プロと定義するなら、そうした人材育成のためには選別投資をすべきだし、一貫した人事管理システムを持つべきである。従来のように平等主義の下で、たまたま恵まれた仕事についた、たまたま良い上司についた、たまたま勉強機会に恵まれたという人のみが好運を得るのでは、いつまでたっても組織としての人材力は高まらない。意識した人事戦略が必要である。それがあるかないか、伸びる会社と落ちこぼれていく会社の差はここにある。

これからは一人ひとりの自治体職員が、自分の担当する職務を自分で設計・工夫し、自分でしっかりと説明責任を果たせなければならない。しかも国の設計した時代（集権下）より、コスト面では「安く」、質の面では「高い」と自信を持って言えるようでなければならない。それが、今後のプロとしての自治体職員像である。

人材を経営の視点から捉え、それを人材経営と呼ぶならば、そのあり方について国は「公務員制度改革の基本設計」としてまとめ具体化を図ろうとしているが、同様の意味で各自治体も骨太の独自の改革設計を持たなければならない。

行政を取り巻く環境は、この一〇年だけでもめまぐるしく変化した。社会環境が大きく変動している時代に、行政の組織も制度も、そして職員自身も旧来の殻にこもったままではダメだ。民間の例だがこんな組織風土はないだろうか。

ある証券会社で「ボーナス二割カット、ベースアップなし」という方針が出されたそうだ。これに社員たちは「上はどうなっている」と聞き、「上はもちろん、もっとカットする」と答えたら騒ぎは起きなかったという。

しかし、これでこの証券会社は良くなるのだろうか。そんな経営者には全員辞めてもらって、アメリカ人の天才的社長を連れてくるとか、天才的スイス人を常務として二倍の報酬を払ってみたらどうか。それでも社員個々人の収入が増えるなら文句はないと思うが、そう言い出す社員はいなかったというのである。時代は変わり、総力戦で知恵を出さなければならない時代なのに……。

じつは自治体こそがこうした組織風土の典型ではないか。経営という認識は極めて薄い。あなたは何年採用？　えっ、私と同期なのに一〇年たってなぜ五〇〇〇円の給与差がでたの？　どこかで計算違いがあったのかな？——といった会話が平然と語られる組織だ。こんな意識・感覚で時代の要請に応えられるだろうか。ノルマ制の発想はもう古い。

こうした意識を破壊するところから制度改革に取り組みたい。自治体の人材経営は、もはや対症療法的な手直しではなく、中長期的視点に立った抜本的かつ戦略的な人事制度の再構築が必要なところにきている。組織貢献度によってボーナスに差がでることも昇進に差が付くことも当たり前——こんな組織風土をどのようにしてつくりあげていくか。政治的なリーダーシップが欠かせない。

†人材育成・八つの提言

骨太の改革点として、まず第一にすでに働いている職員について能力や業績、職責などを適正に反映した人事制度になっているか、職員のモラール向上と組織の活性化を図るためにはどんな給与体系がふさわしいかを、根本から捉え直すことである。給料表の構造や普通昇給制度の運用など一律横並びで、年功要素の強い現行制度のままではもはや立ち行かない。

出先機関や窓口など第一線で日々頑張っている職員も恵まれ、意欲があり努力をし成果をあげた者が報われる仕組みをどうつくるかだ。その点、サービス系企業に学ぶところが大ではないか。

第二の点は、新規、中途を問わず自治体組織にどのような人材を集めていくかだ。筆者は飛行機人間を多く採れと主張したい。いまや規制緩和やNPO等を含む民間活動領域の拡大など行政と民間の守備範囲が接近し、新たな時代の行政の役割が問い直されている。職員の政策立案能力の高さが問題解決能力の高さとリンクしてくる。それに応える創造性豊かで実践的な人材の確保・育成が必要不可欠だ。ともかく課題は山積している。

そこで自治体経営の今後について八つの提案をしてみたい。

提言I　自治体職員にFA宣言が可能な制度を創設したらどうか。

プロスポーツの世界に生まれたのがＦＡ（フリーエージェント）制だが、自治体行政という同じ土俵で仕事をしている自治体職員にも「ある自治体に一〇年勤務したらＦＡ宣言が可能となる制度」を創設したらどうか。①農村自治体で園芸や緑行政に精通したら都市自治体で力を試してみたい、②都市自治体で都市計画に精通したら地方都市でその腕を発揮してみたい、③県庁より現場の方が面白いと考える人は市町村を希望して手を挙げる、こうした人材の希望がかなえられトレードが可能となるＦＡ市場を公設したらどうか。そうすることで各地の人材が有効に活かされる。現在の異動範囲が狭く、閉塞的な人事制度にも風穴を開けることができよう。

提言２　職員の採用、異動は広域市町村単位で行ったらどうか。

いま推進される市町村合併の大きな根拠に、一定規模以上の大きさがないと専門職など質の高い人材を持つことが出来ないという点がある。確かに合併はその切り札になろう。筆者も縷々《るる》述べているように異論はない。ただ合併までには理屈以前の障害も多く、その成就まで待てない場合もある。そこで人材面だけについて合併するのだ。すなわち一五万ないし三〇万人の人口規模で傘下の市町村が人材広域圏を形成し、採用から昇進、異動、退職までの一連の人事を共通化するのである。

高度な専門性を要求される分権時代だ。各市町村がフルセット型の人材獲得をすることは一定規模以上でなければ難しい。その壁を人材広域圏の形成で突破しようという発想がこれだ。まず春の新規採用試験から共同試験を実施し、共通名簿で採用し、人事配置をしてみたらどうか。こうすることで、一自治体の規模では不可能であった福祉や都市計画、情報処理などの専門職を共有することができる。

提言3　すべての自治体で管理職、監督職に昇任試験を実施したらどうか。

そろそろ定年近くなったから課長に昇任した——世間がこんな眼で自治体職員の昇任を見る時代が長かった。確かに長く勤め抜くことも実力のうちだが、やはりそれは実力主義からはほど遠い。しかし大学卒が多くなり、女性職員にもキャリア志向が強まるにつれ、こうした従来型の年功制昇任は組織内でも説得力を失っている。実力主義へ切り替えろという内部圧力も強まっている。

そこで課長昇任と係長昇任の節目に選抜試験を行うことだ。一定規模以下の自治体は広域市町村単位で行ったらどうか。しかもこれを社会にもオープンとすることだ。民間や他の団体で働いている人でも一定の基準を満たしている人は役所の昇任試験に応募できる。こうすれば、役職者の経験者採用にもつながり、かつ公平な競争が行われるから適切な昇任判定が可能となる。役所に対する世間の見る眼も変わり、市町村の係長職、課長職の権威は一段と高まろう。合併市町村は初めから昇任試験のルールを入れるべきだ。

提言4　自治体の主要部長は特別職（重役制）にしたらどうか。

総務、企画、福祉、土木、農林、教育など七つぐらいの部長ポストは、国でいうと閣僚ポストであり、会社でいうと重役ポストだ。実際、彼らが中心となって庁議を仕切りその自治体の行政を動かしている。もちろん、市長ら公選職ポストが最高責任者ではあるが、実務を仕切るのはその下でのライン部長職である。この人たちが首長と一体となってトップマネージメントを形成するにはその位置づけを明確にすべきだ。それには、彼らを権限と責任と任期の一体化した特別職にしたらどうかというのが提案である。会社の執行役員制度の導入に近い。合併市町村の特別副市長制はこの地域相当版と考えてよい。

提言5　職員のボーナスの半分は業績主義に基づいて配分したらどうか。

最近、一人ひとりの実績をしっかり評価し、それを給与・昇進に反映させるべきだという声が強まっている。税金を有効に使う、そのためには良く働く者、実績を挙げた者に給与・ボーナス・ポストを与え、そうではない者にはそこそこの処遇でよいというのが世の常識である。これまで世間の常識と役所の常識はあまりにも一致していなかった。すなわち、一律平等主義の給与・昇任制度であった。

職員全員のボーナス相当分の半分程度を相互に出し合い（原資とし）、その期の評価（AからE）によって傾斜配分するのである。一所懸命の職務集中が報われることになる。

提言6 職員（幹部を含む）の異動に自己推薦制を大幅に認めたらどうか。

業務評価が他人に評価されることを前提とするなら、一方では自分を売り込むチャンスも保障されなければバランスが悪い。アメリカなどでは自分を売り込んで職場や会社を渡り歩く（平均で生涯一一回ぐらいの転職をするそうだ）。いわゆる転職が職業生活の一般的スタイルだが、日本では会社や役所に入ったらそこを終生の職場として「一所懸命」頑張るのが善しとされる風土が一般的である。

筆者は何も転職を奨励するつもりはない。ただ、その組織で自己実現を図ろうとするとき、他人の手でしか職場が選ばれない、自分のポストが得られないというのでは真のプロを活かす職場とはなり得ない。一定規模以上の自治体なら「異動の時、自分を売り込むチャンスを拡大する」ことが必要だ。これで人材を活かすことが出来よう。

提言7　終身雇用にこだわらず自治体職員の雇用形態を多様化したらどうか。

常勤か非常勤か、こんな単純な区分で組織メンバーを構成する時代は去った。堅い役所でも、もっと柔らかく多様で専門性を活かした雇用形態を構想しなければならない。いま再雇用制とパート制があるが、これに人材派遣職員を加える、さらに専門分野に嘱託制度を入れる、三年とか五年という有期の契約職員を加えるなど特任職員制度を大幅に導入したらどうか。

社会的に見ても、ワークシェアリングとか雇用のセーフティネットとか言われるが、自治体経営の面からは一〇〇〇万円プレーヤーを放出し（自然退職を促し）、かわって子育て等を終えた中高年層を年俸三〇〇から四〇〇万円プレーヤーとしてどんどん雇って行く。一見一人の穴を三人で埋めるようにみえるが、生産性は二倍以上になるとされる。すでにいくつかの自治体で試みが始まっている。公務員組織に多様な雇用形態を導入することは、これまで終身雇用意識で仕事をしてきた職員集団に一種の改革圧力ともなってこよう。

提言8　高度な専門職・管理職育成に社会人大学院を利用したらどうか。

最近、民間のＭＢＡブームにならい、役所向けのＭＰＡ（Master of Public Administration）ないしＭＰＰ（Master of Public Policy）、つまり行政学修士や政治学修士号を出す社会人大学院が増えている。物理的にこれは大都市や県庁所在市に限られた話であるが、今後、通信制大学院によって全国隅々でこの取得が可能な時代が訪れようとしている。この先進国はアメリカだが、アメリカの場合、転職のキャリアアップの機会として行政大学院等を利用することが多い。日本の場合そうではなく、組織内のキャリアアップのためにこれを活用するよう筆者は勧めたい。

アメリカでは夜間の行政大学院が多く、市や州の職員はこぞってキャリアアップのために大学院に通う。それは修士号を取れば課長、博士号を取れば局長への道が開けるからである。だから自己負担での学習にも余念がない。もとより昇格は当該市ではなく、他自治体へ転職する方式による場合が多いと聞くが。

日本では就職後に取得した学歴は組織内評価の対象にならないという風土がある。しかし、研修など組織内教育で高度な専門性を身につけることはもはや限界である。投資の非効率性に眼を向ける必要がある。むしろ教育機会のアウトソーシング化が必要だ。夜間の社会人大学院へ通うことを奨励・補助し、管理職資格制度とこれを結びつけていったらどうか。

それにふさわしい大学院がどの程度あるか疑問視しない訳ではないが、これは役所が変わることで、大学、大学院も変わっていく。東大をはじめ国立大学も独立行政法人として衣替えする。特に地方の国立大学を地域のシンクタンクとして、人材再教育機関として大いに活用すれば、国立大学民間化の意義も生まれてこよう。

†最大の改革チャンス

自治体も広範囲な分野の構造改革に取り組んでこそ、社会経済の実態に即し、かつ分権の担い手となる自治体像が見えてくる。要するに各自治体とも自らの手でどのようにして事業自治体から政策自治体へと脱皮させていくか、これが現在問われている自治体改革の核心的な課題だ。そこには横並びという発想は生まれてこない。

市町村合併は単なる規模拡大の議論ではない。大きくするだけで直ちにメリットが生まれるものではない。メリットを生み出そうとする強い改革意思があってこそ合併の意義が生まれる。地方自治の枠組みを変えようという最大の改革チャンスが市町村合併。しかし規模と同時に能力を変える構造改革に取り組まなければ、自治体の進歩はむずかしい。「初めに合併ありき」の視点ではなく、時間をかけても政策官庁らしい自治体づくりをめざすことが大切である。

第6章　地方制度の将来

これからの行政はどう変わるのか、その中で市町村はどうあるべきかを考えてみたい。

わが国では市町村の規模を拡大しながら行政サービスの充実を図ってきた歴史がある。だが、どこまで規模拡大を続けることが望ましいのだろう。その適正規模は時代状況との兼ね合いで決まるものだから、確たる見通しはむずかしい。国によっては規模もエリアも一世紀以上不変のまま行政が行われているところもめずらしくない。むしろ、弾力的に市町村規模を変える日本の方がめずらしい国かもしれない。

ともかく、わが国は市町村再編への第三の波がきている。ただ、その際、現在の市町村制度を前提に単に規模の拡大を図るだけでよいとは思わない。いま規模と能力に応じて権限や財源配分を変えるべきだという総論の話はあるが、新たな市町村制の将来像は示されていない。あるのは現在の市町村の権限へつぎはぎ的に府県機能を付加してきた政令市、中核市、特例市などの都市制度だけだ。これも制度と呼べるだけのまとまりはなく、個別法ごとに例外規定を積み重ねてきている。従って一般国民には中核市、特例市と言われてもわかりにくい状況にある。行政関係者の中には一般市よりは中核市、中核市よりは政令市の方が少し格が上のようだからそれをめざし合併をしようと考えているフシがある。

そうした中途半端な段階で市町村合併のみを先行させようとする政府の姿勢に批判があるのは確かだ。しからば具体的にどうすべきなのか。器を用意してから合併を進めるべきか、合併した姿に合わせて器を用意すべきなのか。鶏が先か卵が先かの議論になりそうだが、筆者は合併進行中のいま、一方で合併後の新たな市町村制度、市町村独立後の府県制度のあり方について並行して議論すべきだと思う。

1 市町村制の将来

†「ガバナンス」の時代

これから時代は「ガバメント」(統治)から「ガバナンス」(協治)へと変化していく。「ガバメント」時代の政治構造はタテ志向で、国(中央政府)が社会の頂点を占め、その下位組織として自治体が位置づけられ、企業や住民はそれらの公的機関によって支配され統制されているとみられてきた。一方、社会の成熟化に伴い、公共問題も皆が関わること

図6-1 「ガバメント」から「ガバナンス」へ

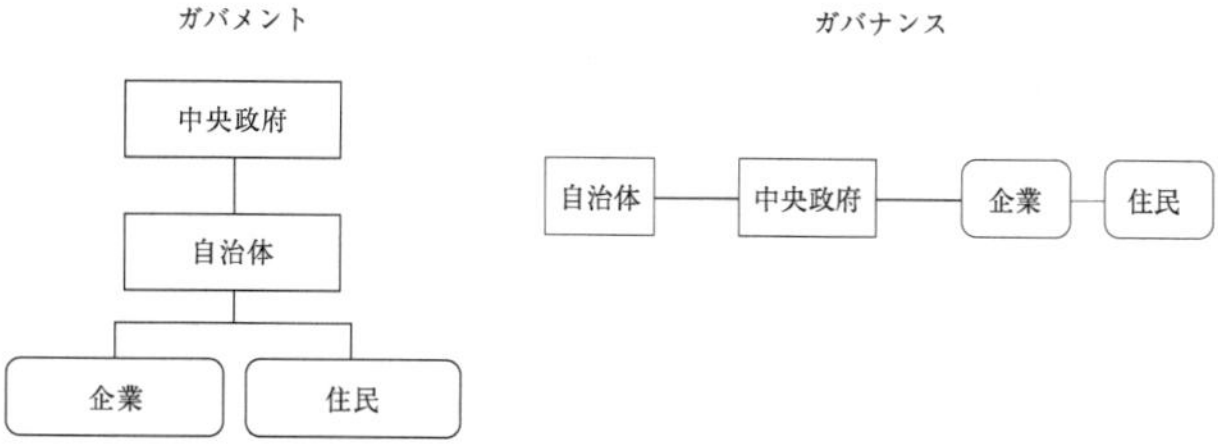

資料：中邨章「「ガバナンス」の概念と「市民社会」」（月刊『自治研』2001年7月）

で解決しようとする意識が高まる。これまでの国と自治体、企業、住民の関係はヨコ志向の強いものに変わる。地方分権の推進もそのひとつだし、地域内分権の考え方もそこにある。これを「ガバナンス」の時代と表現している。

新しい「ガバナンス」の環境下では、国と自治体は上下から水平の関係に移行し始め、対等・協力の立場という意識が強くなる。それは企業、住民との関係でも同じで、相互にパートナーとしてヨコに並列した水平関係としての行動を求めるようになる。図6－1がそれを表わしている（中邨章「「ガバナンス」の概念と「市民社会」」『自治研』五〇二号）。

水平志向が生まれると、国は従来のような「統治」を一手に引き受ける強力な統治機関ではなくなる。国の機能は自治体や企業、住民との間に協力関係を生み出す調整機関に変化してくる。「ガバナンス」を「協治」と訳す考え方もそこにある。政府と自治体、企業、住民がそれぞれ同じ目線に立って公共問題の解決に当たるというイメージが形成される。NPOなどが活躍する場面もそこにある。従来、公共サービスは「官」独占とされたが、これからはそうではない。さまざまな主体が公共サービスの担い手となる。公共サービスはイコール行政サービスであるという捉え方はもう古いと言わざるを得ない。行政そのものが今後大きくなるとは考えにくい。

こうした変化から国、府県、市町村という三層制の役割についても再設計が必要なところにきている。

†国際比較で見る

わが国の市町村は国際比較でみると、そう小さいものではない。人口・面積とも比較的大きな部類に属する。平均人口規模でいうとイギリス、スウェーデン、日本が大きく、この三つの国はいずれも過去に市町村の大規模な合併・統合を行ってきた歴史をもつ。日本の市町村は面積の平均で一一六平方キロメートル、人口で三万八〇〇〇人だが、イギリスは五〇四平方キロメートル、一万一九〇〇人、スウェーデンは一五五二平方キロメートル、三万三〇〇人となっている。面積こそ小さいが人口規模では他国より大きい。逆にフランスなどは市町村（コミューン）の平均面積は一五平方キロメートル、人口でわずか一五〇〇人。その数は約三万六〇〇〇にのぼる。イタリアも平均面積で三八平方キロメートル、人口七一〇〇人、オランダは平均面積が五一平方キロメートル、一万八〇〇〇人である（山下茂ほか『比較地方自治』第一法規出版、一九九二年）。

集権体制から分権体制へ二〇年前に移行しているフランスにおいて、いま市町村合併が進行中という訳ではない。その点、合併は極めて日本的な話だ。もとより、フランスの小規模自治体に日本のような多くの事務権限を委ねることはむずかしかろう。

今後わが国で約三〇〇〇市町村が一〇〇〇に再編されるなら、面積は三倍の三五〇平方キロメートル、人口は平均で約一〇万人の市町村に生まれ変わる。結果として国際的には人口でみても面積でみても大規模な市町村をもつ国ということになる。

もとより、数や面積、人口だけを議論してみても生産性は乏しい。問題は仕事量である。現在、都道府県を含む地方自治体の仕事量は、わが国行政全体の七割を超えている。財政支出でも七割超が地方で支出されている。これだけ地方側で大きな仕事量を担っている国は、カナダと日本ぐらいである。そのうち市町村が半分のウエイトを占めているわけで、今後そこをどう効率化していくかは日本の行政を考える場合に極めて重要である。

しかも量的な問題だけでなく、地方分権を進めた結果、質的な意味での構造変化が起きている。これまで二割程度しかなかった市町村の自己決定領域が、地方分権を進めた結果七割近くまで拡大したのである。自治事務化がそれを意味する。税財源の分権化要求はこれに見合う税財源の自己決定領域の拡大を意味している。ともかく、自治体自身に足腰の強い新たな市町村を創造すべき必要性が生まれてきたのである。

もう一つ、広域自治体にあたる都道府県の問題はどうか。府県制度は一八九〇年（明治二三年）に始まって以来、戦前は国の総合出先機関、戦後は広域自治体とその性格こそ変えたが、数や規模の点ではほとんど変化がない。一八九〇年に府県の数は四六、平均面積は約六四〇〇平方キロメートル、平均人口は約八四万人であった。一九四六年（昭和二一年）の府県制改正（北海道の設置、沖縄県の除外）で数が四五、面積が八一〇〇平方キロメートル、人口一六五万人、一九七二年（昭和四七年）沖縄が本土復帰した後それぞれ数は四七、面積は八〇〇〇平方キロメートル、人口は二二九万人となった。半世紀後の現在は人口格差が非常に大きいが、平均すると一府県当たりの人口は二六六万人となっている。広域自治体である府県はこの一〇〇年間、数の上ではほとんど変化せず、平均人口で三・二倍に増えたことになる。

これに対し、市町村は、一八八八年（明治二一年）の七万一三一四から一八八九年（明治二二年）一万五八五九へ、一九四五年（昭和二〇年）一万五〇五、一九五六年（昭和三一年）三九七五、一九六一年（昭和三六年）三四七二、二〇〇二年（平成一四年）三二一八と

二五分の一にまで数を減らしてきた。器として変化しなかった府県は人口密度を高め、小規模だった市町村は合併して器を大きくした結果、国際的にも大ぶりな市町村に変貌してきた。ここ数年でもう一度、一〇〇〇程度にまで数を減らすなら、近代国家化の中で市町村は八〇分の一まで数を減らすことになる。

†市町村制の将来像

これまでわが国は、もっぱら国、つまり中央省庁のみを政府と呼んできた。しかし、これは狭すぎる観念であり、時代にも合わない。「一定の地域の民意を正当に代表する機関を備えていれば、その団体を「政府」と呼ぶことができる(大森彌『現代日本の地方自治』放送大学教育振興会、一九九五年)。日本国憲法の章だてからしても第四章の国会にはじまり、内閣、司法、第七章の財政に至る四章分は中央政府に関する規定であり、第八章の地方自治は地方政府に関する包括的な規定だ。政府機構として中央、地方の二層制が想定されていることは間違いない。現行の都道府県も市町村も、憲法第九三条二項に基づいて首長と議会議員を住民が直接選挙で選んでいる点に着目すれば、それぞれに地方レベルの政府と考えることができるのである。

東京の特別区も含め、市町村を「第一の政府」(ないし身近な政府)、都道府県を「広域の政府」、そして国を「全体の政府」（中央政府）と呼ぶことができよう。市町村の「第一」とは、住民が最も接しやすい地方自治の実践の場という意味づけができよう。

その市町村制度をめぐるここ一〇年間の大きな変化は、地方自治法上の市町村の区分が多様化したことだろう。以前は、政令指定都市と一般の市町村という二区分であったが、九四年の法改正で中核市が生まれ、二〇〇〇年の地方分権一括法によって新たに特例市が生まれた。今後さらに、一〇万人規模の市に新特例市とも呼べそうな新たな都市制度の誕生も予想され、市町村の区分はますます多様化していく可能性がある。

その一方で、合併を進めても残るであろう小規模町村をどうするかという問題も起きてくる。仮に平成の大合併が大きく進展しても、農山村や離島、中山間地など人口が散在している地域は、合併するメリットも乏しく小規模町村のまま残るであろう。その際、小規模町村の機能を縮小限定し、その仕事と責任を都道府県が肩代わりしていくことも選択肢に入ってくる。望ましい町村の新たな制度と府県行政との関わりは何ら整理されないまま、市町村合併が先行されることに対する現町村の不安は想像以上に大きい。

市町村の規模と能力を超える行政需要に対処する方式は三つある。ひとつは合併であり、もう一つは事務の共同処理（広域行政）であり、第三は都道府県による代行である。現在でも、生活保護や建築確認などは先の自治法上の区分にかかわらず、町村や小さい市については都道府県が事務代行をしている。今後、こうした方式をより拡大するのか。仮にそうしていくなら、都道府県と市町村との間の事務区分はますます「まだら模様」になっていく。これでよいのかどうか。

†市町村のパラダイム転換

市町村の将来像をどう考えたらよいか。経営上の課題は先述したが、制度上でみると、現在のそれはきわめてつぎはぎを重ねてきた制度になっている。

現行の市町村制度をイメージして図6-2を作成した(図の左側が現在の制度)。市と町村では権限上若干の差はあるが大きなものではなく、基礎的な自治体は市町村がまず原則となる。

それに府県機能の一部を付加する形で都市制度としての特例市、中核市、政令市ができ上がっている。もとより正確にいうと、例えば政令指定都市という表現がよく使われるが、これは正確ではない。政令指定都市「制度」という制度はもともとない。そうではなくて、地方自治法ないし個別法(福祉関連法とか、都市計画関連法など)で一般的には府県の仕事であるものを特例的に市に移譲したり、府県の独自の仕事を市に移譲したりして、全体として政令で指定した市が果たす役割ができ上がっているのである。これを政令指定都市制

図6-2　市町村制のパラダイム転換

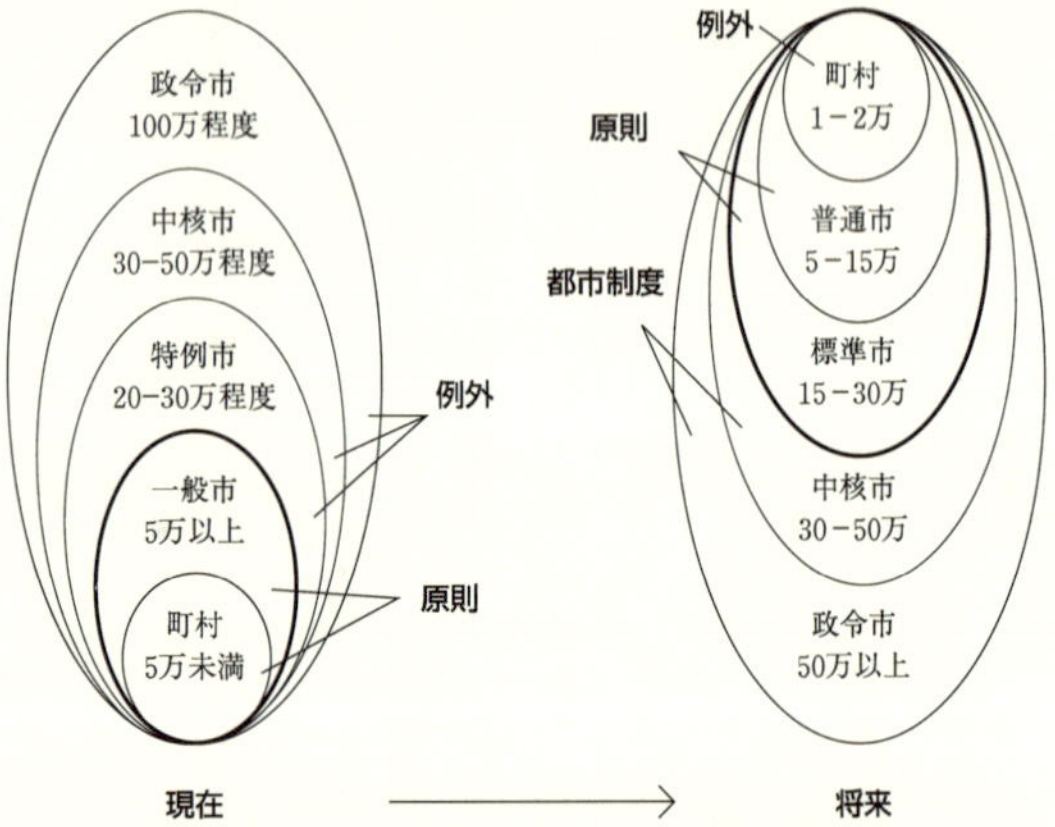

度と俗に呼んでいるだけである。

例えば人口二〇万以上で指定可能となる特例市は、市街化区域の指定など都市計画の権限や騒音規制等の環境保全に関する権限を府県から移譲された市制度であり、該当する市は約六〇にのぼる。中核市はそれに身体障害者手帳の交付や保健所設置などの権限が加わった人口三〇万以上の市制度であり、該当する市は三〇程度。政令市はそれを上回る国道・県道の管理などの土木行政や小中学校教職員の任免などの権限が加わり、法律上は人口五〇万以上（実際は一〇〇万規模で運用）で政令により指定された市制度である。

政令市は一九五六年（昭和三一年）、横浜、名古屋、京都、大阪、神戸の五市の指定で始まったが現在一二市まで増えている。最近、指定の人口要件が七〇万人まで緩和されたのを受けてもう少し増えよう。さいたま市、(新)静岡市という合併市が加わる模様である。人口要件を法律に沿って実質五〇万人まで下げると一気に三〇から四〇ぐらいの政令市が誕生するのではないか。

もよとり、仮にこうした特例を認められた三つの市制度を都市制度と呼ぶなら、その都市制度が適用される自治体は数でこそ市町村数全体の二%足らずだが、人口では国民の五割近くをカバーすることになる。

では合併後の今後をどう構想したらよいか。これら特例を逆に原則とした市制度へのパラダイム転換を主張する考えがでてきた。今後、基礎自治体は一〇万人以上であるべきだと主張する石原信雄氏(元自治次官)がその一人。氏によれば、こうした現在の都市制度について法律上の特例によって新たな都市制度を括るのではなく、一定規模以上の都市(一〇万以上)を基本に制度を組み立てることが望ましいとするのである。

筆者は図の右側に示したように、基本的には石原氏の考えに近いが、最も効率の良い市制度の規模として一五〜三〇万市を標準市、少し小ぶりだが五〜一五万市を普通市とおき、この二つを市制度の原則とするという考えをもっている。あとは三〇〜五〇万市の中核市、そして政令市の人口規模を法律に沿って五〇万以上とし、この中核市、政令市を都市制度と位置付け、最初から一定の権限を付与するのである。また人口一〜二万程度の小規模自治体について、普通市の例外という形で新しい町村制として位置付けたらどうか。

この小規模町村については、現在の国民健康保険や介護保険に関する事務は府県に事務移管し、戸籍や住民票、印鑑登録証明に関する事務、小中学校の管理・運営に関する事務、身近な衛生行政などに限定した役割を担う新町村制とするのである。また道路整備などの公共事業、教育、福祉、医療は都道府県や隣接都市に委託代行させることも考えられる。

もとより、こうした新町村の制度をどう構想するかは別な視点が必要かも知れない。というのも規模が小さいという視点だけで町村を捉えると、現在の町村が担っている独特の役割を見落としかねないからだ。大都市周辺の町村を除くと、一般に町村に止まっているのは、過疎地や中山間地という交通や産業、地理的な条件が厳しいところが多い。そこには小さくてもキラリと光るまちづくりをめざしている意欲的な町村も少なくない。

†過疎地合併の悩み

わが国は六七五市（二〇〇二年四月）を除くと、二千五百余に上る町村が五五九郡にくくられている。事情はともあれ、最小限そうした郡単位でまとまって「市」をつくれないかという政府からの呼びかけもある。そうした政府の意見に筆者自身異論はない。なるべく基礎自治体を市に統一できるならそうすべきだ。もとより独立して行政経営が可能となるであろう一五万から三〇万市になれるなら、それにこしたことはない。計算上、一〇万市と二万以下の町村では後者が住民一人あたり三から五倍のコスト高であることも判っている。コスト論からいえば町村より一〇万市以上が望ましい。

しかし、わが国の町村が置かれた地理的条件はじつに多様だ。日本では可住面積が少なく沿岸部や河川流域に都市部は偏っている。一方で山間部が七割以上を占める。山間部や農村地域はほとんどが町村である。そこで考えてみたい。財政上のコスト論とか専門能力向上といった行政経営の視点からではない、独自の町村制度の存続についてだ。

†美しい山村を残すため

農山村はわが国に要らないとか、山林は崩壊していってよいとか言うなら話は別だが、もし農山村は必要だし山林が崩壊してはダメだと言うなら、市町村合併をしない方が小さな単位で金も使え目配りもできるのでまだましではないかという意見もじつは成り立つのだ。国土保全に対する町村の役割観からする見方である。

例えばムラの多くが山林だという地域の村長はこういう。「ウチは地域の面積の八割以上が山林。しかもこの多くは個人有である。林業が盛んな頃はムラに活気があり、所得水準も高かった。しかしいまは林業もダメ。所得機会がないので後継者らはみな都会に出て行った。そこでお願いしたい。郡単位で合併せよとか、隣接市町村との大型合併をせよと県から示されているが、仮に大型合併などしたら過疎はより過疎に、山林はより荒れ放題になってしまう。自分のところだけでなく、全国的にそうなる心配がある。

そうではなく、むしろ小さな町村は残していただいて、山林公務員のような制度をつくるから、それに補助金補給をしてくれないか。そうすれば林業としてではなく、環境保全として緑のボリュームをより増やせるし、わがムラも都市部へ貢献できるのだが……。もし環境税を創設するならそうした使い道がある。

もとより自然林や緑が今後日本に要らないというなら構わないが、一度山林が荒れ、緑が失われると、田畑に休耕を強要し農業が崩壊して行ったように、二度と自然林を生き返らせることは不可能なものだから」と。これは筆者への手紙による話だ。

いまの法制度では、山林地帯が土砂災害等の被害に遭えば金は出るが、そうでない平時には金は出ない。だがよく考えると、これが正しい金の使い方か。山林が荒れ放題になるから土砂災害が起きる。起きてから膨大な金を使って復旧しても、もとの山林には戻らない。しかも膨大な費用が掛かる。とするなら、村長のいう山林公務員を町村の制度としてつくり山林保全に力を注いでいただく、これが社会貢献のできるムラのあり方ではないか。

三重県のある村議も「財政事情のみに終始した市町村合併論議は過疎地や山村の切捨て

にほかならない」「政府は過疎に苦しむ少数の国民の声にも謙虚に耳を傾けてほしい」（『朝日新聞』「私の視点」二〇〇一年一〇月二五日）と訴えている。二〇〇五年（平成一七年）三月までの市町村合併特例法の期限以内に三分の一にまで市町村を減らすという地域版構造改革は、都市部ではともかく、過疎・山間地域ではもう少し慎重を要するのではないか。

もちろん、財政上、行政能力上、問題が多いのは過疎地等の町村である。ここが悩ましいところだ。しかし、農村とか山林のあり方を十分議論しないまま町村の役割を限定することだけを考えるのは少し捉え方が狭すぎるのではないか。

†新「町村」制の構想

筆者は、町村といっても東京、名古屋、大阪など大都市圏周辺や政令市、県庁所在地など都市地域に所在する町村は魅力ある都市圏形成に向けてはやく合併を進めるべきだと思う。そうした地域では合併のデメリットは極めて小さい。

しかし、過疎・中山間地域はそうはいくまい。政府は合併推進を一律に急ぐべきではない。都市部先行、過疎・農村部後行ではダメなのか。おそらく数としては限りがあろうが、キラリと光る意欲的な町村として残りたい自治体のために、新たな役割・権限を付与した「新町村」という制度を先に用意すべきではないか。その新町村の役割と財源のしくみを明示したうえで、その制度で生き残りたいとするところを立候補させたらどうか。合併はそれからでも遅くない。

とはいえ、その時間的限度は二〇一〇年までと筆者は考える。超高齢社会となる前までだ。分権改革を権限の一次、財源の二次に分けて進めているように、都市部先行の一次合併と、過疎中山間部後行の二次合併という二段階合併策を提案したい。規模能力に見合う新たな「市」制度を固めながら、一方でスイスにみられるような美しい国を残していく(再生していく)ために、〝急がば回れ〟の発想で新町村の制度化を優先的に検討すべきである。

2 東京特別区の将来

†特別区を一体とみるか

東京都の石原知事が東京、神奈川、千葉、埼玉の一都三県を対象エリアに二一世紀の首都像として「首都圏メガロポリス構想」(東京州庁構想)を打ち出し、話題を呼んでいる。国の首都機能移転に反対するねらいもあろうが、現実を直視するなら、わが国人口の四分の一に当たる三三〇〇万人が居住する世界最大の巨大都市圏をどうするかは今後の国家像を考えるうえで、最も重要なテーマだ。

これまで東京首都圏は日本経済の機関車であった。しかし長引く経済の低迷でいま危機的な状況にある。経済力こそイギリス一国に匹敵する規模と言われるが、環境汚染は進み過密の弊害は極点にある。新東京国際空港（成田）は世界で最も評判の悪い空港だ。首都圏をめぐっては国も自治体も府県制の壁などがありバラバラにしか活動していない。その結果、大都市圏としての魅力を失いつつある。いまもう一度世界都市化に向けチャレンジできるのか、それとも極東アジアの一拠点都市に転落するのか、その瀬戸際に立たされている。その危機感が石原構想の基本にあるのなら、筆者もその認識に異論はない。

東京圏の府県制を解体し、東京州へシフトすべきだという意見が今後浮上してくる可能性は高い。それはそれで大きな議論のテーマだが、その際、東京都制、すなわち内部の特別区制をどう考えるのかも、もう一つの重要な論点となる。現在、法律上は二三特別区は合併・再編が自力で可能なようになっている。特別区はどうするのか、東京都の合併指針から特別区を外したことに多摩二六市は大きな不満を表明しているが、市町村合併に特別区は無縁ではない。人口四万人の千代田区から八〇万人の世田谷区まで人口格差が大きすぎる。合併再編がより必要なのは東京特別区かもしれない。

東京都の区は、川崎市や横浜市など政令指定都市の中におかれる行政区（高津区とか緑区）とは違って、法人格をもった特別地方公共団体である。原則として「市」に準ずる機能を与えられている。一九七五年（昭和五〇年）以降は区長公選制が復活し、各区とも議決機関としての議会と執行機関としての首長をもつ自治体となり、二〇〇〇年四月以降は法律改正により基礎的自治体という位置付けが明確になっている。ここで特別区制を詳述する余裕はないが、一般市と政令市の交じり合った都市行政を担う市制度の性格を持つ一方、固定資産税等の税源は都に入り都区間で協議し配分する財政調整制度に依存するなど弱い市制度の側面を持つ独特の制度となっている。

現在の地方制度は、まず住民の身近な市町村で行政が行われ、市町村で処理することが適当でない事務は都道府県で行われるという原則がとられている。それに必要な財源も役割分担の原則に沿って配分されるのが原則である。そして都道府県と市町村は対等・協力の関係に立ちながら、相互に競合を避け、それぞれに適した事務を分担し、協力し合って地方自治の発展に努めることが、制度の期待するところである。

こうしたひとつの大原則に立って考えるなら、府県の役割と市町村の役割、そして政令市的な役割の混在している現在の都区制度は、過渡的にはともかく、未来永劫これが望ましいとはとても言えない。

だが、戦後生まれた特別区にはそれなりの存在理由がある。

一つは、それぞれの区は独立しているとはいえ、いわば旧「東京市」という巨大都市の一構成分子として大都市を一体的に形成してきたという歴史的、機能的な背景がある。

もう一つは、二三区域に居住する八〇〇万人の住民はその属する区の財政力の強弱に関わらず、一様かつ均衡のとれた負担を負い、その受ける行政サービスは公平かつ同質であることを求めているという現実的な理由がある。

もとより、大都市の一体性といっても戦後の東京の地域的変貌は極めて著しい。ひとくちに区部といっても、千代田、中央、港のような都心の区と、世田谷、杉並、中野のような山の手の区と、さらに墨田、荒川、葛飾のような下町の区とでは、その地域の果たしている機能や抱えている問題は全く異なっている。特別区全体が一体的に発展したわけではなく、そこには地域的に多様性が生まれ、住民の価値観も産業構造も異なる。人口減少の著しい過疎区と人口増加に伴う過密区が同時併存しているのが区部の実態だ。それを一つの大都市と捉え、一体的・画一的な管理を行うという考え方が時代に合うかどうか。

†東京二三区の再編も

今後、特別区は都の内部団体的な性格を完全に払拭し、大都市地域にふさわしい新しいタイプの基礎的自治体に変わることが望ましい。「集中」の発想ではなく、「分散」の発想にたつ特別区改革がぜひ必要だ。すでに政府のブロック機関や各種研究機関、大学などの郊外移転は進み業務機能の分散も常に政策の中心にある。小泉内閣の東京再生のビジョンは一種の集中論への回帰を想わせるが、残念ながら経済政策の発想の域を出ていない。明治以降、つねに大都市が国の経済政策の投資対象にされてきた反省がどこまであるか疑わしい。先進諸国の伝統ある首都が職と住、ビジネスと環境、そして文化との絶妙なバランスのうえに素晴らしい都市を創りあげてきたことを忘れてはならない。大都市圏での公共政策は民間の集中圧力をどう「分散誘導」するかが基調でなければならない。その視点から特別区の再編も考える必要があろう。

人口四万人の千代田区が「千代田市」に昇格したいという構想を出したが、固定資産税等の財源を手中にできる普通市への衣替えがねらいだとすれば賛成しかねる。なぜなら志が低く、首都の自覚に乏しいからである。むしろ、千代田区が中心になって都心区の再編を考えたらどうか。

人口規模も地域特性も多様な実態を踏まえながら、区部全体の再編を議論すべき時にあると筆者は考える。その一つの方向として、二三区を八つぐらいに分け、おのおのを一〇〇万人口規模の政令指定都市にすることが考えられる。そうすれば、都と区の間に存する制度問題も解決する。ただ、その場合、現在各政令市の行政区がまちづくりの単位としてうまく機能していないという悩みにどう応えるか、よりきめこまかな議論が必要となろう。

あるいは、首都の特例として三〇万以上の区に政令市並みの権限を与えるという制度改革も考えられる（半数の区が該当）。それ以下の人口規模のところはなるべく合併し、三〇万以上をめざすとするのはどうか。区を政令市並みに扱うという発想は、すでに八九年の行革審などの提言にある三〇万人政令市構想の具体化にもつながる。行財政能力の点からしても、いまの特別区を政令指定都市並みに扱うことは可能であろう。

もう一つ、地方都市でいう中核市や政令市と制度的な差別化をはかる意味から、市や区という呼称ではなく、首都にふさわしい基礎的自治体として「京」という名称はどうか。世田谷京、杉並京ではだめか。ひとつ北区が北京、文京区が文京京という名称になってしまうところに難点はあるが。

特別区は一九四七年（昭和二二年）に一区の面積を一〇平方キロメートル、人口二〇万人程度、区部全体の将来人口を四〇〇万人程度との考え方のもとに、それまでの三五区を二三区に合併統合した歴史がある。予測の倍に当たる八〇〇万人口に膨れ、他方、都心区など二〇万人口に満たない区が並存する現在、わが国の市町村合併の大きな流れに沿って特別区自身、自主的に再編統合の議論をすべきではなかろうか。

†「東京市」構想を

もう一つ、こうした特別区の再編と併せて考えなければならないのが、首都の市をどうつくるかだ。戦時体制の一九四三年（昭和一八年）に東京府と東京市を合体したまま現在の東京都が首都の市的役割をになっている。東京都は市であり府県であるという、今日の府県制度とは同列に論じえないユニークな制度となっている。

石原構想にあるように東京州をめざすなら、この際、首都市としての東京市の復活を構想すべきではないか。もちろんそれは単なる復活では意味がない。二一世紀の首都「市」にふさわしい規模と制度的性格を付与しての話である。

さきに千代田区が「市」をめざすことについて志が低いと述べたのは、首都機能の集積する千代田区が中心となって首都にふさわしい市を構想する責務があると考えるからだ。ここで深入りは避けるが、JR山手線に絡む千代田、中央、港、品川、渋谷、新宿、豊島、文京、台東区をひとつのエリアに想定した新東京市構想が考えられるのではないか。その際、必ず出てくるのがワシントンDCタイプの政府直轄市が望ましいという話。しかし筆者はそれに賛成しない。首長も議会も公選で府県機能と市機能を併せ持つ、自治体として独立性の高い「特別市」が望ましいと考えるからである。いずれ首都移転論議が一段落したら、そして特別区再編論議が始まったら、同時並行的に「首都市」のあり方を二一世紀にふさわしい世界都市との関わりで構想すべきではなかろうか。

3　府県制の将来

†府県制の将来像

岩手、秋田、青森の北東北三県で県の合併や道州制への移行を視野に研究会を設置したり、東京都が東京州構想を打ち出したりと従来の府県制を超えた動きが出始めている。かつて阪奈和構想（大阪、奈良、和歌山県の合併）があったが、市町村再編の次は都道府県の再編統合をしなければならないという声が今後強まろう。筆者もそれは必要だと考える。

一八九〇年（明治二三年）以降、府県制の枠組みは不変である。しかしこの一世紀の間に時代環境は大きく変化した。そして府県機能の権限移譲が進み、新たな都市制度が生まれ、適用自治体も年々増えている。これまでの都道府県は「市町村を包括する広域の地方公共団体」とされ、①広域的な事務、②統一的な処理を必要とする事務、③連絡調整の事務、④市町村の補完的な事務を扱うものとされてきた。今後もそれでよいかどうか。

現行の府県制度をみると、行政区域が狭いということから産業政策の主体とはなれないし、府県を超えて実施すべき事業が増えているにもかかわらず、府県間の連絡・調整が円滑には進まず、事業の実施がうまく行かないという事態が生まれている。

行政上の府県の壁はじつに厚い。河川、港湾、道路など行政区域に関係なく存在している公共事業は一部地域の事業が完成したからといって全体が完成しないと力を発揮できないが、その調整機能はない。事実上、各府県にまかせっきりだ。一都三県をぐるっと回そうという東京圏の外環道路構想は、部分開通しか行われていない。東京都内はほとんど手つかずだ。東北道、常磐道、関越道、中央道、東名道から入ってくる車は必ず都心を通る首都高速道を経由しないと他の道路に行くことができず、渋滞と大気汚染の原因となっている。これの解消をめざしているのが外環道路構想だ。

ところが千葉、埼玉区間はすでに完成し使用が開始されているにもかかわらず、東京都内は工事のめどすら立っていない。よってネットワークもできなければ、問題解消の見通しも立たない。地域住民の反対運動などもあり、県が分かれていることからくる要因だけが工事遅れの原因ではない。都県間でその取り組みに温度差があることが最大の要因だ。これでは道路行政は進まない。

また、関係する府県の財政上の都合によって、事業の財源を捻出できないために事業の実施できる府県とそうでない府県が生じ、事業全体が円滑に進捗しない例も多い。あるいは事業を実施することによって得られる利益の度合いが府県間で異なるため、経費の負担をめぐって府県の合意が得られない。こういった事情で、事業自体に着手することができない事態が生じている。

市町村のみが広域化に対応する努力をしても、府県レベルでより大きな広域化対応ができなければ問題解決能力の低下は避けられない。広域自治体としての府県は今後より広域化した機能を期待される。

一方、現在の府県制度内にはその運用に大きな体質的問題を抱えている。県と市町村は対等だと言いながら、現実には県は「県下市町村」とか「県内の団体」というように市町村を見下す表現を平気で使う。市町村が合併し政令市や中核市といった都市制度の適用を求めようとすると、県が保健所移管に断固反対とか事務事業の移譲に抵抗するなど、決して対等な政府間関係での対応とは思えない話が次々とでてくる。

府県広域化の前にまず体質改善が必要である。市町村を見下すような都道府県の体質をいかに改革し、対等な協力者という政府間関係を両者のもとで形成して行くかが課題である。もとより、それには市町村側も県に補助金を要求し行政上の支援を得ようとする依存体質を自ら払拭する改革に取り組まなければならない。

†新府県へ三つの選択

現行制度の運用の問題はさておき、今後の府県制改革についてどのようなことが考えられようか。今後の府県制のあり方については、大きく三つの選択肢が考えられる。一つは憲法を改正し連邦制国家への移行を前提とする「州」制への移行、二つめは現行憲法の下での府県制再編による「道州」制の導入、三つめは府県制を廃止し、国と市町村の中間に「地方」を設置するという考え方である。

i　連邦制への移行

地方分権をさらに進め地域主権を確立する形で現在の市町村を名実ともに地方政府とする。その地方政府の地理的領域はさほど広大とはならない。そこで地方政府がさらに一緒になってその地域全体の活性化や発展を計画し実行する体制を整える必要がある。また個別の地方政府が実施するより共同で実行した方がよい政策もあろう。こうした目的のために地方政府が寄り集まり、共同で新たな「くに」をつくる。「地域立国」の構想がこれで、こうしてうまれた「くに」は力をつけた地方政府の連合体である。ただそれは単なる連合体ではなく、地方政府の主権の一部を寄託された新しい政府、つまり「州」政府である。

これが連邦制型の州である。

この州政府は、あくまでも地方政府（市町村）との「契約」に基づき、地方政府から委託された業務を行なう政府であり、州政府は地方政府の共同体であり、その業務はあくまでも地方政府の補完である。地方政府ができる仕事は地方政府が行なうのが大原則で、それを地理的あるいは内容的にこえる業務を州政府が行なうのである。

従って、州政府はさほど大きな存在にはならない。その地域全体の発展を考える企画調整的な業務や広域的な経済・産業政策、幹線交通網の整備や河川管理など広域的な公共事業の実施、さらに大学など高等教育や研究開発などが主な仕事となろう。

八州程度の数が想定されるが、こうして地域ごとに州政府が誕生すると、さらに州政府が共同して取り組む仕事がでてくる。それを担うのが連邦政府（国）ということになる。外交、防衛、通貨管理、司法、法秩序の維持などが仕事で、連邦政府は州政府との契約に基づき、その補完をするにすぎない。従って連邦政府の規模は州政府と比べてさらに一層小さくて済み、大体現在の三割程度の規模で十分であろう。このような形態が連邦制国家である。

このような連邦国家へ移行すると、当然のことながら各地域の自主性は格段に高まる。中央政府という上からの押し付けという問題も生じない。地域間の経済力の不均衡に基づく財政力の格差は、州政府段階か連邦政府段階で調整するとしても、努力した地域と努力しない地域の格差はその地方政府や州政府の責任として明瞭に現われるから、地域間の競争は活発となり、全体として地域の活性化と平準化が進むことになる。

こうしたシナリオを提唱しているのが進歩的な学者グループ（恒松制治編著『連邦制のすすめ』学陽書房、一九九三年）や青年会議所などの若手経済人グループである。

確かに構想としてはおもしろい。究極の地方主権国家を創造しようとしたらこうした形しかないのかもしれない。しかし、連邦制は憲法改正を必要とするため実現に向けてのハードルはきわめて高い。集権体制による近代化というわが国の歴史が一世紀少ししかないことからすると、連邦制の実現可能性はここしばらくの間むずかしいのではないか。

ii　道州制の選択

新たな府県制を構想する際、もっともコンセンサスを得られそうな考えが道州制だ。これには、現行の府県制を前提にいくつかが合併して「新府県」をつくるというものも含まれる。しかし、ここで解説するのは、国のブロック機関等も吸収した新たな道州をつくるという提案についてである。

いわゆる道州制というのは東北とか九州というようなブロック単位で府県を合併し、かつ国の出先機関であるブロック機関（東北農政局とか、九州地方整備局など）を丸ごと吸収することで新しい中間政府として「道州」をつくろうという発想である。それは次に紹介する地方庁の考えと異なり、州知事は直接公選、州議会も公選にしようというものである。連邦制下の州ほど独立性は高くないが、国のブロック機関まで包括してしまうので今の府県よりは遥かに強い権限をもった広域自治体となる。

府県にかわるこの「道州」の性格づけをみておこう。

まず道州の性格は、国と市町村との中間に位置する広域自治体である。

全国を八つ程度の道州に分けることが望ましく、その区域は、東北州、関東州、近畿州といったように自然的・地理的環境、歴史的・文化的成り立ち、社会経済的条件、住民の意識等を勘案し、一体的な行政が可能となる区域とすることが望ましい。

道州には、その長として知事を、議決機関として道州議会を置く。知事、道州議会議員は、住民の直接選挙により選任される。

現在の府県事務は、原則として道州に移すが、特に住民生活や中小企業等に直結する事務はむしろ市町村に積極的に移譲する。一方、国のブロック機関や出先機関の事務は道州に移すと同時に、各省の本庁の権限となっている事務でも道州レベルで処理した方が問題解決能力が高まると考えられる事務は率先して移譲する。当然これに伴う税財源の移譲も行う。地方色を生かした方がよい内政事務の多くは道州の事務となろう。

三〇年以上前になるが、日本商工会議所の「道州制で新しい国づくりを」(一九七〇年)が同種の提案をしている。

そこでは前府県知事は一定期間中、名誉知事として処遇せよとある。じつはこれに近い話を市町村合併でも聞かされる。合併市町村の議会議員は最大二年間の任期延長という在任特例がある。しかし、首長にはない。だから合併区域内での現職市町村長同士の激突が避けられず、選挙のしこりが合併後のしこりとして残る。であるなら、むしろ五つの市町村が合併して一つになったら、新人が当選したら残る前市町村長の五人が、誰か現職の一人が市長になったのなら残る四人が、例えば二年間、市政顧問なり名誉市長として在職したらどうかというものだ。ひとつの見識だが、筆者はそれとは異なる地域担当の副市長制を提案している。

合併の話とは違うが、若手経済人の集まりである青年会議所にはおもしろい制度がある。地域青年会議所の理事長を終えたら(任期一年再選なし)、翌年一年間「直前理事長」として残るという制度だ。これは全国組織である日本青年会議所でも同じで、日本青年会議所会頭を終えたら翌年一年間「直前会頭」として残るというもの。四〇歳が彼らの組織の定年だが、かりに四〇歳で理事長、会頭に就任した場合、翌年四一歳でも「直前理事長」

「直前会頭」として在職できるのである。これは一種の生活の知恵かもしれない。

市町村合併後、直前市長、直前町長、直前村長として二年間新市建設に関わる。府県から道州移行後、二年間だけ直前県知事として州政の運営に関わる。こうしたことで政治的な激変の緩和とスムーズな新制度移行が可能なら、合併コストとしてそう高いとは言えまい。一考に値する。

話はそれたが、府県解体の際の一つのネックになる現職知事らの処遇を考えると無意味とはいえない。商工会議所の同報告は「道州議会の議員定数は、当分の間、旧府県の議員定数の合計とする」と提案している。これは高度成長期の提案ゆえ減数化の発想がないが、現代なら市町村合併時の議員定数の特例、選挙特例と同じ発想で一期目の激減緩和措置を提案していることになろう。

筆者は、市町村合併の進展に伴い道州制の議論は活発化すると思う。その場合、都道府県を広域自治体と位置づけるか補完行政体と位置付けるかで、議論のゆくえが大きく異なってくる。先に指摘したように、都道府県の事務の中で小規模町村の補完行政が大きな比重を占めることになれば、都道府県の広域化は必ずしも望ましい選択肢とは言えないだろう。しかし他方で、広域行政こそが都道府県の主たる役割ということであれば、都道府県の広域化は不可欠となってこよう。

道州制を導入する場合、現行の都道府県を存続したまま導入するケースと現行の都道府県を廃止して導入するケースがありうる。後者の場合、道州―市町村の二層制になるが、前者の場合、フランス型に近い道州―都道府県―市町村の三層制になる。日本の狭い国土からして、また二重行政への批判の強い中で前者の選択はないように思う。しかし政治的にみて国会議員や府県知事の政治基盤が府県制を前提に成り立っていることから、現行の都道府県制を一気に道州に切り替えることができなければ、ある期間、暫定措置としてひととき都道府県の上位機関としての道州ができる可能性を否定しえない。

iii　地方庁の考え方

府県を廃止し、国と市町村の中間団体として「地方」を置くというもので、ここでいう「地方」は自治体としての性格と国家的性格をあわせ持つもの。全国を七つから九つのブロックに分ける。

一見、道州に似ているが決定的な違いは、地方の執行機関の長である地方長は議会の同意を得るとはいえ、内閣総理大臣の任命する国家公務員だということだ。任期は三年。戦前の官選知事と同じようなもの。「地方」には議会を置き、その議員は住民の直接公選とする。任期は四年。

これについては一九五七年の第四次地方制度調査会の提案が代表的なもの。地方長は地方行政に優れた識見をもち、かつ政党や政治団体の構成員ではないことを就任要件としている。民間人でも官僚でも構わないが、政治家はだめだといっている。地方の職員には、国家公務員の身分を有するものと地方公務員の身分を有する者を併用するとしている。

仕事の範囲は国のブロック機関の仕事を中心に府県の仕事も合体しようという発想である。地方自治が曲がりなりにも五〇年余の歴史を積み、かつ地方分権が始まった今、こうした官選知事を地方長とするような地方庁案が受け入れられるとは考えにくい。ただ、府県再編と国の機関を合体する際の妥協案として生み出される可能性がないとは言えない。

いずれ市町村合併後の府県のあり方について議論が始まるのは時間の問題だろう。事実、政府の第二七次地方制度調査会は道州制を審議テーマに選んでいる。その答申が出てくると議論が表面化しよう。それは市町村側の「なぜ、われわれ市町村だけが合併を迫られるのか」という不満にも応えることになる。

こうしてみると、まずは市町村の再編が課題だとしても次に府県再編へ、さらには国家機構の再編へと改革課題は広がっていくものと考えられる。

筆者は、総じて国、地方を含めて政府機構は大きくなり過ぎたと考える。特に府県機能と国のブロック、出先機関の役割分担が不明確すぎる。こうした点を整理して行くなら、国の仕事は総量で二割から三割程度縮小することができるのではないか。国、地方を含めた公務員数も現在の四五〇万体制を約二、三割減の三五〇ないし三〇〇万人体制に縮減することができるのではないか。

〝公共サービスはイコール行政サービスである〟という神話は終わった。公共領域を官が独占するガバメント（統治）の時代は去ったのである。公共サービスの部門は、官、民、NPO、ボランティアらが協働で治めていくガバナンス（協治）時代の始まりである。

官の提供する公共サービスが減っても民の提供する公共サービスが増えるなら、絶対量として公共サービスは減らない。国民、住民も税で支えることだけが公共部門の経営の在り方だという囚われから抜け出して、公の領域も自分たちで支えていくのだという切り替えをしなければならない。

とするなら、市町村合併も府県再編も新たな公共部門の再構築の機会と考えることができよう。絶対反対だとか、絶対賛成だといった一かゼロの発想に囚われないで柔軟にものごとを思考すべきだ。問題はそこでどんな市町村像、府県像、国家像を掲げるかである。いま二一世紀社会を市民が主体的に形成していく意思と意欲こそが問われている。

終章　次の時代を創る

市町村合併という流れをどう読み、どう対処していくか、直面する課題と向き合いながら中長期の視点から地方自治のあり方を考えてきた。

悠久の歴史からすると、市町村合併などそのひとこまに過ぎない。とはいえ、地域住民からするとひとこまでは済まない。トータルな問題を提起していることがらなのだ。

三〇〇年つづいた徳川の幕藩体制が崩壊し、明治政府の手で封建体制から近代国家体制に衣替えして一三〇年の歳月が経つ。だが、長きに及んだ封建体制の残滓はいまでもある。世紀がかわり中央集権から地方分権体制へ歴史の歯車は進んだかのように見えるが、地方主権を確立しようという国民の志は依然見えない。

明治政府は一八七一年（明治四年）に三百余の藩を廃止し、府県という新しい行政組織をつくり、一八八九年（明治二二年）にその末端組織として市町村を編成した。当時その数は一万五千余に及んだが、一世紀をへた現在その数は三千余。これをさらに一〇〇〇まで減らすべきとして、いま市町村合併が動いている。

†市民の自立と自覚

明治維新という一種の革命が成功したのは、三〇〇年に及ぶ幕藩体制の制度疲労、豊かさや自由へのあこがれ、黒船に象徴される国際化への対応といったさまざまな理由が挙げられる。その革命は確かに日本に新しい活力を生み出す原動力になった。しかし、国民による国民のための革命ではなかったという点で、その後の日本社会に必ずしも望ましい影響をもたらさなかった。

恒松制治氏はこう述べる。「明治の革命は、西南雄藩の下級武士による討幕運動が成功しただけのことである。「だけのこと」と表現したのは、事柄の重要性を否定したものではなく、この革命が国民の力によってもたらされたものではなく、下級とはいえあくまでも武士という支配階級によるものであったという意味である。地方主権という、二一世紀に起こるかも知れない新しい革命はこの轍を踏んではならない」(『連邦制のすすめ』)。

戦後民主主義の出発にあたり、アメリカからやってきたシャウプ使節団は、あらゆる行政は住民に最も近い市町村に発し、市町村の規模ではできない行政は都道府県が、そしてそこで出来ない国家的事業は中央政府が実施するという役割分担が望ましいと提言した。これこそ民主主義の原点のはずだ。しかし、戦後五〇年それはできなかった。各省大臣の地方機関として知事、市町村長を位置づけ国の事務を執行委任させるという機関委任事務制度の仕組みが大幅に適用されてきた。憲法上認められた地方自治とはいえ、それは中央政府によって与えられた自治であって、住民の発意による主体的な主張ではない。これまで自治体は自ら税を定め、徴収し、主権者である住民の意向を尊重して支出することはできなかった。都市計画も農地の利用もみな国の規制の中で行われてきた。

こうした自治体の団体自治を大きく制約している条件を取り除こうとしたのが、九五年から始まった機関委任事務制度の全廃を軸とする地方分権改革である。二〇〇〇年四月より都道府県、市町村とも約七割程度の仕事は自治事務に変わった。自己決定・自己責任で処理されるべき領域の大幅な拡大である。ここで問われるのが自治体の能力であり、住民の意思である。自治体の能力は規模と深く関連する。一定規模がなければ一定水準の能力も確保できない、一定規模がなければ行財政効率は著しく下がる、こうした問題認識のもとに市町村合併が提唱され、いまその再編の渦中に国民はおかれている。

市町村合併は非都市圏の話ではないか、関係するのは政治家や公務員だけではないか、という言葉を耳にする。しかしそんなことはない。大都市圏、地方都市、農山村を問わず、どこに住む人々にとっても無関係ではない。しかも、合併するかどうかの判断は住民一人ひとりの手にある。決して一部の政治家や公務員の話ではない。

合併は手段であって目的ではない。他の有効な手段があるなら、何も市町村合併など痛みの伴う方法に手を出すことはない。しかし、明治時代に一度、昭和時代に一度全国規模での市町村合併を行うことで、飛躍的に行政サービスを向上させてきたわが国の歴史がある。三度目のそれが必要かどうか。その判断はいま国民の意思に委ねられている。

†美しい国づくり

わが国の市町村は現在三二一八（二〇〇二年四月現在）だが、人口一万人未満の市町村が一五〇〇余と全体の約半数を占め、三万人未満では二五〇〇と約八割を占める。こうした小規模市町村の多さが、分権時代の担い手として不安視されている。おりしも厳しい財政危機下にある。

二〇〇一年（平成一三年）六月に閣議決定された経済財政諮問会議のいわゆる「骨太の方針」にこうある。

――自助と自立に基づく新たな国・地方の関係の実現には、まず受け皿となる自治体の財政基盤の拡充と自立能力の向上を促し、国に依存しなくても「自立し得る自治体」を確立しなければならない。①すみやかな市町村の再編を～市町村合併や広域行政をより強力に促進し、目途を立てすみやかな市町村の再編を促す、②規模などに応じて市町村の責任を（人口数千の団体と数十万の団体が同じように行政サービスを担うという仕組みを見直し、団体規模などに応じて仕事や責任を負える仕組みをさらに検討する（例えば、人口三〇万以上の自治体には一層の仕事と責任を付与、小規模市町村の場合は仕事と責任を小さくし、都道府県が肩代わりするなど）。——

内閣のこのような方針は、財政悪化の現状を視野に入れながら、従来の「国土の均衡ある発展」から「個性ある地域の発展」への転換を促したもので、地方が自らの判断と財源によって魅力ある地域づくりを進めていく必要性を強調したものである。この方針はどのような内閣であろうと今後変わるまい。

今後、自治体は困ったら国に頼めば何とかなるといった甘えは許されない。分権改革により成功する自由と失敗する自由を手に入れた自治体だが、これからは地域住民と協働することで個性的な地域づくりをめざさなければならない。「自立」と「競争」における自立には、自分で立つと同時に自分で律するという意味の「自律」も含まれよう。

もとより、政府・与党が市町村合併に熱心であるのは、国政における農村の過剰代表を改め、農山漁村へ配分されてきた財源を都市部に配分し直し、それによって都市住民の支持を取り付けようとする政治戦略としての意図があるのかも知れない。最近、声高にいわれる都市再生論にはその匂いがつきまとう。これでは、ことさら都市と農山村の対立を煽るだけだ。目先の政治的利益を追うような話では困る。

二〇世紀の人口流動化を伴う都市化時代は終わった。これからは「都市の時代」である。いかに魅力的な都市を創っていくかに知恵を注ぐ時代である。そこで公共投資の配分も都市部へ傾斜していくことは不可避かもしれない。しかし、ひとつの国のかたちを考えた時、自然の営みが豊かな農山村がなければ都市自体の生存が危くなるという面を見落としてはならない。農山村を踏み台にし都市に集中投資を図ることで欧米へのキャッチアップを図った二〇世紀型の成長至上主義は破綻した。いま真の豊かさとは何かが問われている。豊かな国づくりとはどんな国づくりかが問われている。全国町村会の「二一世紀の日本にとって、農山村が、なぜ大切なのか」(二〇〇一年七月)の提言は傾聴に値する。

——農山村には、生存を支える、国土を支える、文化の基層を支える、自然を活かす、新しい産業を創る、といった価値がある。都市との交流を通して、農山村は自らの価値を主張し始めています。都市の人たちは、都市では生み出しえない価値を農山村に見出し始めています。——(同提言)

筆者の経験からしてヨーロッパの農村は日本と違い美しい。ロンドンの郊外へ車で三、四十分も走ると、美しい農村が広がってくる。そこには街路樹がそびえ、教会が静かな佇まいをととのえ、家々の窓は美しい花で飾り尽くされている。ああ、これが成熟した先進国の姿なのかと旅するたびに想うのは筆者だけだろうか。

日本は、都市は過密であり、農村は美しさを失っている。この現状をかえる努力こそ、これからの国づくりではないか。その点、財政効率主義の観点のみで町村の果たしてきた役割を切り捨てるようだと、哲学のない国づくりという批判を受けよう。

どんな国づくりをめざすのか、その出発点は基礎的な市町村にある。市町村合併の問題は国づくりと深く結びついている。

確かにこれまで述べたように、住民一人当たりの歳出総額は人口規模によって相当の開きがある。人口二万人程度の町村と二〇万人規模の都市自治体では三倍から五倍もの開きがある。小規模町村は、地方税収入だけだと役場の職員給与すら賄えないところも少なくない。これは事実である。それでも、これまで一定の行政水準を維持できてきたのは、国の財政補塡が行き届いていたからである。

ここに来てカネがなくなったから、ない袖は振れない、だから自立しろ、では無責任である。もっと税財政制度の新たな姿まで連動させて市町村再編を考えなければならない。今後合併を進め一定の人口規模ですべてを括ったら、離島や僻地の町村は存続しえなくなろう。それが山林の保持や国土の経営の視点から望ましいかどうか。答えは単純ではないと思う。

心すべきは、いったん廃田にした田んぼは二度と美しい水田には戻らないということである。急がば回れの喩えではないが、より過疎化を呼び込むような市町村の再編だけは避けなければならない。都市圏の市町村合併は効率性をモノサシに進めるとしても、効率性のみでは計れない価値を持つ中山間や農村地域の合併では、それにふさわしい新たな町村制度の構築を優先させるべきである。その制度を立ち上げるまでこうした地域の合併スピードを緩めるという選択はできないだろうか。これから都市と農村の共生について国民的議論を興すべきと思う。二度と美しい水田は戻らないという轍を踏むことのないために。

もとより、それが「甘えの構造」を許すものであってはならない。政府が返すから起債事業をどんどん進める、補助金はもらい得だからハコモノづくりを優先しよう、こうした従来の国依存の市町村体質が温存されるなら誰も賛成しない。そうではなくて、財政規律の確保には厳しい態度が求められるとしても、一律にローラーをかけるような横並び合併の推進だけでよい国が出来るとは思えない、この点だけは言っておきたい。

†中長期の視座を

ともかく今、さまざまな意図や思惑が混在するなかで市町村合併が進められている。これをどう選別し自らの方向を定めていくか、なかなかむずかしい。しかし、次の点は言えるのではないか。

第一に、身近な市町村のあり方を選ぶ時、自分たちは地域の将来をどうしたいかを主体的に決めなければならないということだ。

これは自治権の核心にふれることで、将来をどうしたいかの意欲も意思もないまま、「バスに乗り遅れまい」と合併を進めてもそこに何が生まれるか。不平不満だけではないか。そうあってはならない。だから合意形成に最大のエネルギーを注ぐべきである。

合併は条件も風土も意識も異なるもの同士がひとつになることだ。よく合併は気心の通じた同じもの同士でなければうまく行かないと言われるが、そうだろうか。むしろ個性の違うもの同士が一緒になり、新たな自治の形成に励んでこそ地域は豊かになれるのではないか。市町村合併にそうした志の広さと高さを筆者は求めたい。

第二は、合併は愛着をもてるものでなければならないということだ。

合併した地域に暮らす筆者の体験からいうと、意外に大事なのは新たな市の名称である。

名は体を表わすと言われるが、合併市町村を足して二で割るようなネーミングには感心しない。皆が参加して決めなかった名称に愛着は持てない。実際の合併過程では名称問題は最後になることが多い。しかし案外、先に新市の名称をどうするかの議論から入った方が議論の深まりがはやいのではないか。情報発信力のある、しかも皆で愛着をもてる名称づくり、ここにエネルギーを注いでみるのも一つの選択だ。

合併と地域の関わりについて大森彌氏は次のような指摘をしている。

——地域はそこに暮らし活動している人びとによって支えられている。その人々のなかには、自分のことを語るとき、自分と地域の営みとの関係を語ることなしに、自分を語ったことにならない人々がいる。そうした意識を広く地域への愛着と呼べば、その愛着をはぐくむ構想や試みなしに、ただ地理的な単位を広げても自治は充実したものにはなりにくい。外に向かって拡大するならば、従来以上に内における充実を図る必要がある。さまざまな場と機会における住民参画の拡充である。区域を広げると住民自治が遠のくというのは、構想力と手法が貧困であるからだとも考えられる（「市町村合併の視点」『地域づくり』一五一号）——。

同感である。自主合併の手法は地域の内発力を問うている。住民らによる十分な将来設計と合意形成がなければ合併は成功しない。ここを見落としてはならない。

そして第三に、合併の是非を決める立場にある首長や議員の対応が決定的に重要であるということだ。

これは誰も否定し得まいが、しかしそのリーダーシップのとり方が問題だ。現在の都合や自分たちの利益だけで合併を決めてはならない。これからそこに生まれてくる子孫たち次世代への責任意識に基礎づけられていることが重要である。

百年の大計とまでは言わないが、少なくとも十数年先の中長期の展望に立った政治家の行動が求められる。これについて憲政の神様・尾崎行雄はこう述べている。

「人生の本舞台は、つねに将来にあり」。

尾崎氏が九四歳にして語った言葉である。これは、現在なしていることの全ては将来のためにあるという意味である。政治に携わる者の判断基準はつねに将来のために為すというところにおくべきだと言っているのである。政治に関わる者が最も心すべき要諦ではないか。目先のことに囚われない行動、それは特に地域の将来に大きな影響をもたらす市町村合併について強調されなければならない。

参考文献

東京都『広域行政論の変遷に関する調査』(東京都，1991 年 12 月)

宮城県『みやぎ新しいまち・未来づくり構想調査研究報告書』(宮城県，1999 年 3 月)

三重県『市町村の合併の推進についての要綱』(三重県，2000 年 12 月)

市町村合併問題研究会編『全国市町村合併地図』(ぎょうせい，2001 年 8 月)

市町村自治研究会編『改訂版・市町村合併ハンドブック』(ぎょうせい，2001 年 4 月)

『ジュリスト／特集・地方分権改革 1 年 新展開』No. 1203 号 (有斐閣，2001 年 6 月 15 日)

地方自治職員研修編集部『合併する自治体，しない自治体』(公職研，2002 年 3 月)

大森彌『現代日本の地方自治』(放送大学教育振興会，1995 年 3 月)

小西砂千夫『市町村合併ノススメ』(ぎょうせい，2000 年 6 月)

佐々木信夫『地方分権と地方自治』(勁草書房，1999 年 1 月)

恒松制治編著『連邦制のすすめ』(学陽書房，1993 年 4 月)

山下茂ほか『増補改訂版・比較地方自治』(第一法規出版，1992 年 9 月)

吉村弘『最適都市規模と市町村合併』(東洋経済新報社，1999 年 12 月)

ちくま新書

354

市町村合併

二〇〇二年七月二〇日　第一刷発行

著者　佐々木信夫（ささき・のぶお）

発行者　菊池明郎

発行所　株式会社筑摩書房
東京都台東区蔵前二-五-三　郵便番号一一一-八七五五
振替〇〇一六〇-八-四一二三

装幀者　間村俊一

印刷・製本　株式会社精興社

ちくま新書の定価はカバーに表示してあります。
ご注文・お問い合わせ、落丁本・乱丁本の交換は左記宛へ。
さいたま市櫛引町二-六〇四　筑摩書房サービスセンター
郵便番号三三一-八五〇七
電話〇四八-六五一-〇〇五三

ISBN4-480-05954-7　C0231

ちくま新書

164 イギリスの政治　日本の政治　山口二郎

二大政党制がわが国に定着する条件とは？　十八年ぶりに劇的な政権交替が起こったイギリス政党政治の実態を再検証し、日本の新しい政治システムの可能性を探る。

294 デモクラシーの論じ方——論争の政治　杉田敦

民主主義、民主的な政治とは何なのか。あまりに基本的と思える問題について、一から考え、デモクラシーにおける対立点や問題点を明らかにする、対話形式の試み。

310 官僚組織の病理学　草野厚

繰り返しミスを犯す官僚組織。その背後には、目的意識と優先順位を見失った〈個人〉の姿があった。とりわけ危機時に露呈する組織病理をケース別に解剖する。

324 囲い込み症候群——会社・学校・地域の組織病理　太田肇

組織は、そのアイデンティティが強くなるほど、個人を縛る「囲い込み」症候群に陥る。病理はなぜ生じるのか？

　個人の自由を保証するあるべき組織の姿を考える。

233 日本型情報化社会——地域コミュニティからの挑戦　宮尾尊弘

日本が経済を建て直すためには、地域コミュニティからのボトムアップ型の情報ネットワーク社会を構築することが最重要課題である。先行事例を取り上げ解説する。

327 派閥　永森誠一

三人寄れば派閥が出来る。派閥はどこにでも見られ、私たちに理解と共感、そしていくらかの嫌悪といった複雑な感情をよびおこす。その日本的な特徴を考察する。

311 国家学のすすめ　坂本多加雄

国家は本当に時代遅れになったのか。日常の生活感覚から国家の意義を問い直し、ユーラシア東辺部という歴史的・地理的環境に即した「この国のかたち」を展望する。

ちくま新書

002 経済学を学ぶ　岩田規久男
交換と市場、需要と供給などミクロ経済学の基本問題から財政金融政策などマクロ経済学の基礎までを現実の経済問題にそくした豊富な事例で説く明快な入門書。

035 ケインズ——時代と経済学　吉川洋
マクロ経済学を確立した今世紀最大の経済学者ケインズ。世界経済の動きとリアルタイムで対峙して財政・金融政策の重要性を訴えた巨人の思想と理論を明快に説く。

048 地域経済と中小企業　関満博
日本の中小企業は、超高齢社会・成熟社会へ向けてどう変わっていくのか。模索を始めた現場の姿を通して、大都市と工業、地域と中小企業との新たな関係を考える。

065 マクロ経済学を学ぶ　岩田規久男
景気はなぜ変動するのか。経済はどのようなメカニズムで成長するのか。なぜ円高や円安になるのか。基礎理論から財政金融政策まで幅広く明快に説く最新の入門書。

093 現代の金融入門　池尾和人
経済的人口的条件の変化と情報技術革新のインパクトにより大きな変貌を強いられている現代の金融を平易・明快に解説。21世紀へ向けての標準となるべき会心の書。

111 医療と福祉の経済システム　西村周三
官支配からの脱却、情報公開の必要性、負担と給付のバランスなど、高齢化社会のなかで医療と福祉の制度が抱える諸問題を整理し、改革の方向性を明確に示す一冊。

194 コーポレート・ガバナンス入門　深尾光洋
かつて強かった日本企業はなぜ弱くなったのか。会社制度の原理に遡り、国際比較や金融のグローバル化などの視点を踏まえて、日本型システムの未来を考える。

ちくま新書

225 知識経営のすすめ
——ナレッジマネジメントとその時代
野中郁次郎・紺野登

日本企業が競争力をつけたのは年功制や終身雇用の賜物のみならず、組織的知識創造を行ってきたからである。知識創造能力を再検討し、日本的経営の未来を探る。

263 消費資本主義のゆくえ
——コンビニから見た日本経済
松原隆一郎

既存の経済理論では説明できない九〇年代以降の消費不況。戦後日本の行動様式の変遷を追いつつ、「消費資本主義」というキーワードで現代経済を明快に解説する。

306 「才人」企業だけが生き残る
井原哲夫

今までの日本型企業システムはもう通用しない！ 厳しい市場競争を勝ち抜くためには、「才人」を活かせるかどうかがカギになる。近未来社会を占う刺激的な一冊。

332 金融の未来学
——小さなセーフティネットをめざして
翁百合

日本の金融環境は激変し「銀行不倒神話」は崩れ去った。政府や金融機関は新たな潮流にどう対処すべきか。そして預金者は？ ペイオフ解禁時代の金融再生の道を探る。

340 現場主義の知的生産法
関満博

現場には常に「発見」がある！ 現場ひとすじ三〇年、国内外の六〇〇〇工場を踏査した〝歩く経済学者〟が、現場調査の要諦と、そのまとめ方を初めて明かす。

342 ハイエナ資本主義
中尾茂夫

不良債権から抜け出せない日本は、今やＩＭＦ管理まで囁かれつつある。世界を劇的に変えたグローバリズムの功罪を検証し、日本型システムの未来について考える。

350 誰にも知られずに大経済オンチが治る
三輪芳朗

銀行の貸し渋りも日本沈没論も誤解だらけ。日本経済特殊論を切って捨て「市場」の役割を明快に説明する「そうか、そうだったのか」の経済学痛快入門。